提升员工职业能力 增强企业竞争实力

一流演讲

课思课程中心 编著

中国劳动社会保障出版社

图书在版编目（CIP）数据

一流演讲 / 课思课程中心编著. —北京：中国劳动社会保障出版社，2014
（职业能力提升系列）
ISBN 978-7-5167-1393-8

Ⅰ. ①一…　Ⅱ. ①课…　Ⅲ. ①演讲－语言艺术　Ⅳ. ① H019

中国版本图书馆CIP数据核字（2014）第239395号

内 容 提 要

本书打破了传统图书的写作风格和阅读模式，采用漫画＋要点＋图解的形式，内容深入浅出，既可直接拿来使用，又引人轻松阅读。

本书从演讲开场方式、演讲内容要点、演讲技巧运用、演讲辅助工具、控制演讲气氛、棘手状况处理、演讲回答提问、演讲结束方式出发，对演讲进行全方位、多角度的分析和阐述，能够有效提升读者的演讲能力。

本系列图书适合所有职场人士阅读和使用，也可作为公司培训、激励员工的指导用书。

中国劳动社会保障出版社出版发行
（北京市惠新东街 1 号　邮政编码：100029）
*
保定市中画美凯印刷有限公司印刷装订　　新华书店经销

787 毫米 ×1092 毫米　16 开本　11.75 印张　174 千字

2015 年 1 月第 1 版　　2015 年 1 月第 1 次印刷

定价：28.00 元

读者服务部电话：（010）64929211/64921644/84643933
发行部电话：（010）64961894
出版社网址：http://www.class.com.cn

员工的职业能力对于企业的发展、腾飞具有至关重要的影响。一个企业，若是不具备一支职业能力过硬的员工队伍，就很难在激烈的市场竞争中占有一席之地。

因此，提升员工职业能力、构建员工职业能力提升体系已然成为企业拥有持续竞争优势、确保长期稳定发展的一项必备措施。

"职业能力提升系列"针对职场中广泛应用并受到普遍重视的七种员工职业能力，进行全方位的图解展示，**教方法、讲步骤、传技巧、给工具、拓思路、举案例，**让读者可以拿来即用，一点就通，一学就会。

本系列丛书打破了传统图书的写作风格和阅读模式，采用漫画＋要点＋图解的形式，内容深入浅出，既可直接拿来使用，又引人轻松阅读。

另外，本系列书中的七册图书能分能合，既可以有针对性地进行指导，又可以形成一个体系，进行全方位的系统指导。既适合个人根据实际需求单册购买，也适合企业作为培训教材成套购买。

《一流演讲》是"职业能力提升系列"中的一本。

演讲能力是一个人面对三个或三个以上听众进行有效讲话的能力，是员工必须具备的一种职业能力。员工无论是在汇报工作、会议发言，还是在述职、竞聘中，都离不开演讲。

提高员工的演讲能力不是员工个人的小事，而是关系整体工作的大事。

《一流演讲》一书，从演讲开场方式、演讲内容要点、演讲技巧运用、演讲辅助工具、控制演讲气氛、棘手状况处理、演讲回答提问、演讲结束方式出发，对演讲进行全方位、多角度的分析和阐述，能够有效提升员工的演讲能力。

在本书的创作过程中，王淑燕、刘伟、程富建、姜娣、蔚星星、毕春月、程淑丽、姚小风、薛显东对本书的设计思路和体系给出了具体的修改意见，王胜会、徐滕、韩建国、金成哲、黄成日审阅了部分内容，设计中心的贾月、孙立宏、罗章秀、刘井学、任玉珍、魏俊芳负责插图的设计和排版，在此一并表示感谢。

编者

2015 年 1 月

目录

第 1 章

5 种精彩开场方式

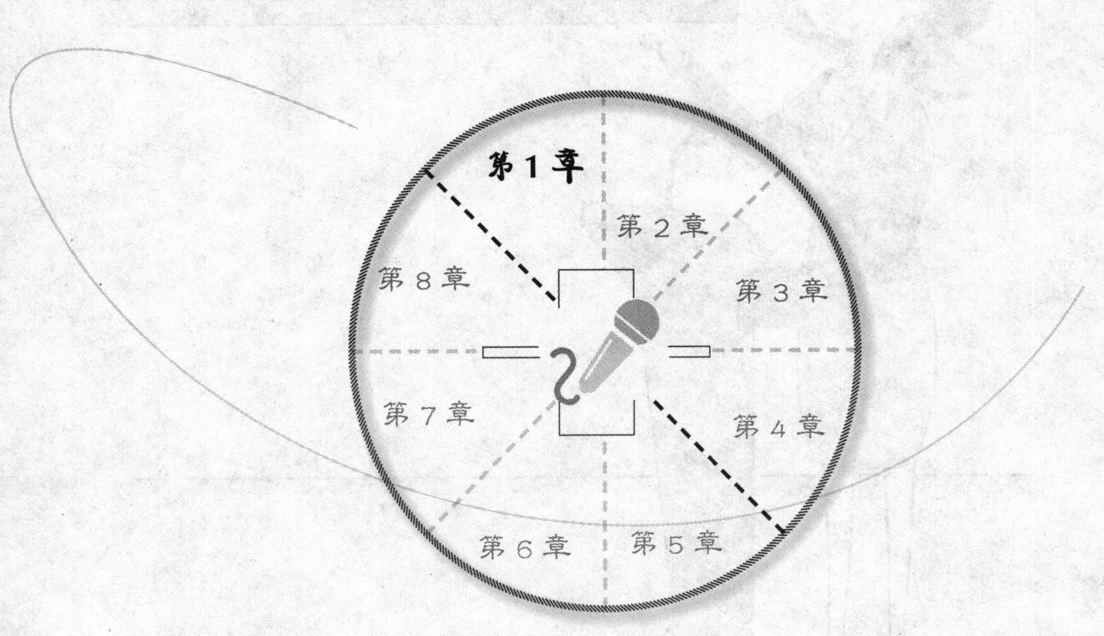

以故事开场

以问题开场

以名言开场

以幽默开场

以赞美开场

1.1 以故事开场

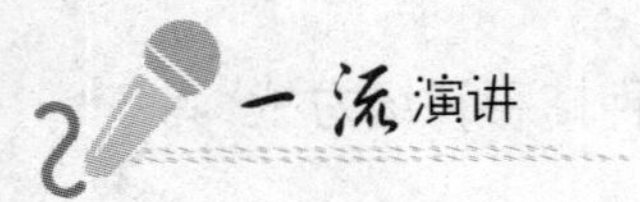

故事式开场要求演讲者在演讲开头讲述一个或多个内容生动精彩、情节扣人心弦的故事。通过这些故事营造一种令人神往的情境，或烘托一种引人关注的氛围，促使听众对故事发展和人物命运深表关切，进而吸引他们仔细地听下去。

用真实的故事作为演讲开场，更容易引起听众的兴趣。

1962年，82岁高龄的麦克阿瑟回到母校——西点军校。在授勋仪式上，他做了即兴演讲，开头是这样的：

“今天早上，我走出旅馆的时候，看门人问道：‘将军，你上哪儿去？’我回答说：‘我去西点军校。’‘西点军校？’一听说我到西点，他很吃惊：‘那可是个好地方，您以前去过吗？’‘当然去过，而且还很熟悉……’”

台下的人都兴致勃勃地看着他。

演讲者用一个真实的故事开启演讲，在最短的时间内吸引了听众的注意力。

应该选择怎样的故事做开场

运用讲故事的方式作为开场白，一般要求故事具有典型性，这种典型的故事不仅能将演讲者的观点、情感或思想不动声色地融入其中，而且能将听众引入一种忘我或共鸣的境界，有利于他们更好地接受演讲主题。

演讲者在选择故事时，除了具备典型性外，还应注意三个原则：

1. 引人深思

应该选择具有深刻寓意或思想的故事，这样容易引起听众的关注和思考，进而促进演讲者与听众形成共鸣，起到强化主题的作用。

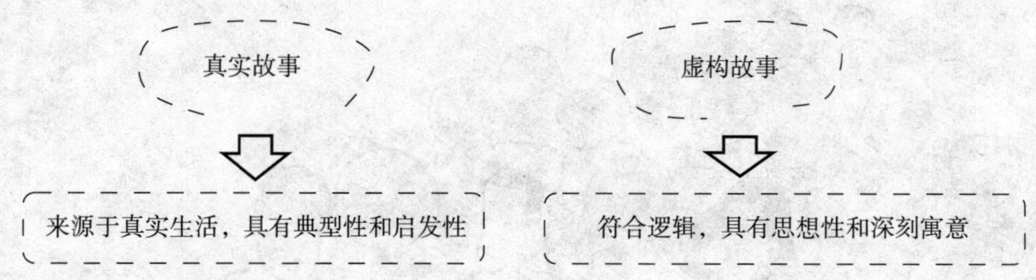

2. 紧扣主题

不同的演讲主题需要演讲者选择不同的故事做开场。在选择故事时，演讲者一定要坚持紧扣主题的原则，因为只有这样的故事才有演讲价值，也只有这样的故事才能起到启发听众或引出主题的目的。

3. 短小精干

如果所讲故事过长的话，可能让演讲变成了故事会。另外，人们的注意力跨度都比较短，这些过长的故事很容易促使听众的期望变高，进而变相增加了演讲者的难度。假如他们没有做好充足准备，那么很容易让听众感到失望。

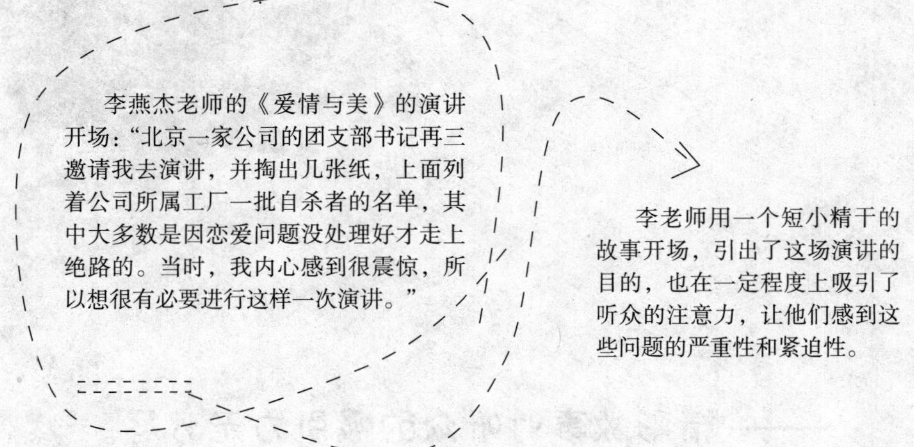

——精彩故事对听众的吸引力无穷尽。

运用故事开场时应该注意的事项

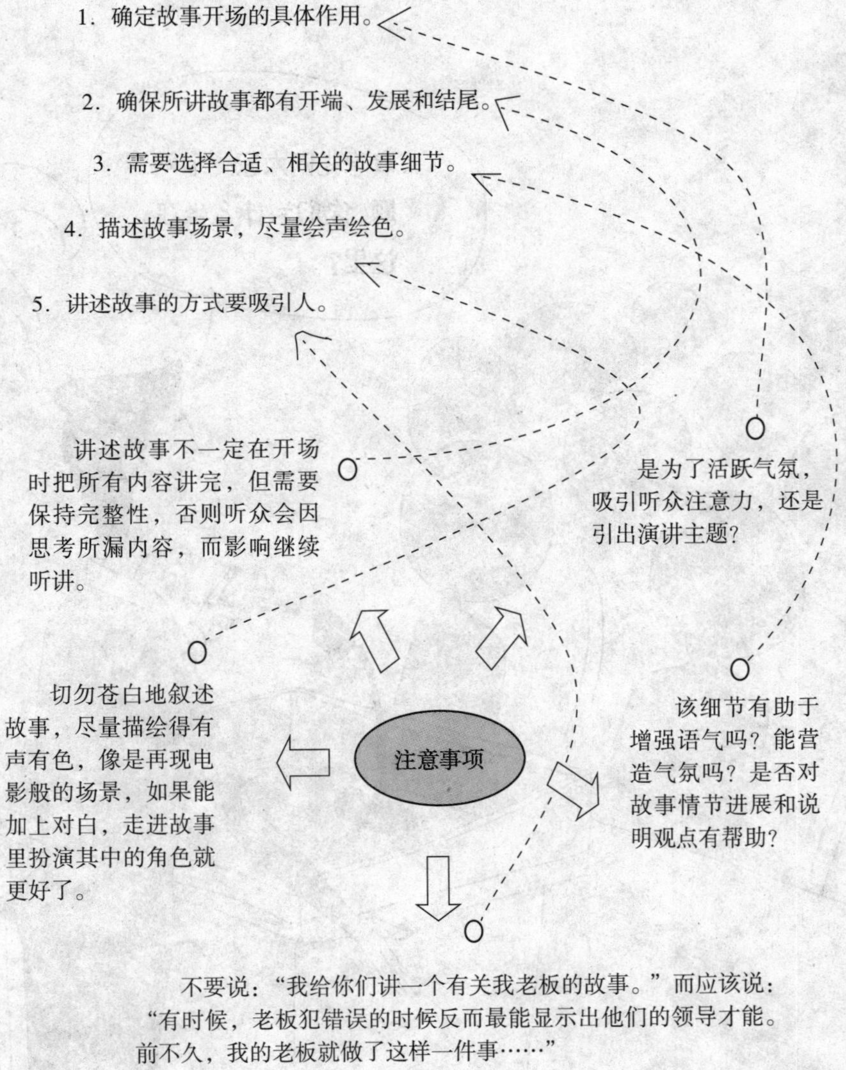

1. 确定故事开场的具体作用。

2. 确保所讲故事都有开端、发展和结尾。

3. 需要选择合适、相关的故事细节。

4. 描述故事场景，尽量绘声绘色。

5. 讲述故事的方式要吸引人。

讲述故事不一定在开场时把所有内容讲完，但需要保持完整性，否则听众会因思考所漏内容，而影响继续听讲。

是为了活跃气氛，吸引听众注意力，还是引出演讲主题？

切勿苍白地叙述故事，尽量描绘得有声有色，像是再现电影般的场景，如果能加上对白，走进故事里扮演其中的角色就更好了。

注意事项

该细节有助于增强语气吗？能营造气氛吗？是否对故事情节进展和说明观点有帮助？

不要说："我给你们讲一个有关我老板的故事。"而应该说："有时候，老板犯错误的时候反而最能显示出他们的领导才能。前不久，我的老板就做了这样一件事……"

1.2 以问题开场

我想先问大家一个问题，你们为什么坐在这里？

问题式开场要求演讲者以提出一个或连续提出多个问题的方式进行演讲开场。这样做一方面可以引起听众的注意，促使他们尽快集中思想；另一方面还可以促使听众带着问题听讲，进而大大增进他们对演讲内容的认识和了解。

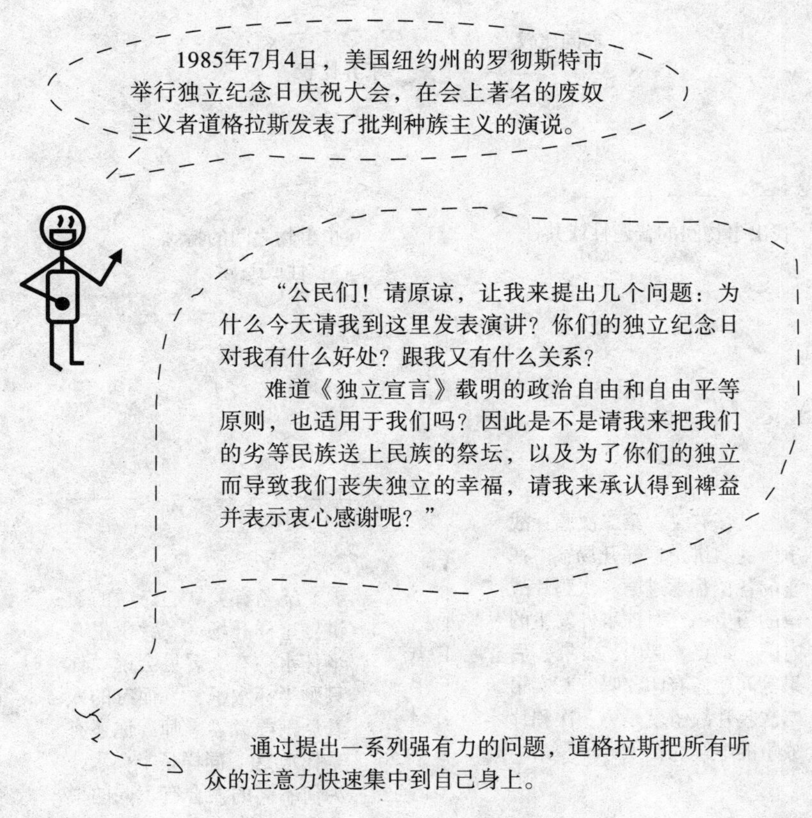

运用问题开场的几种方法

在具体运用问题开场的过程中，演讲者可以有多种方法供选择。

1. 比较提问法

比较提问法是采用比较对比的形式对某个或某些问题进行提问，由于比较参考物大多是人们耳熟能详的事物，所以很容易引起听众的兴趣和思考。

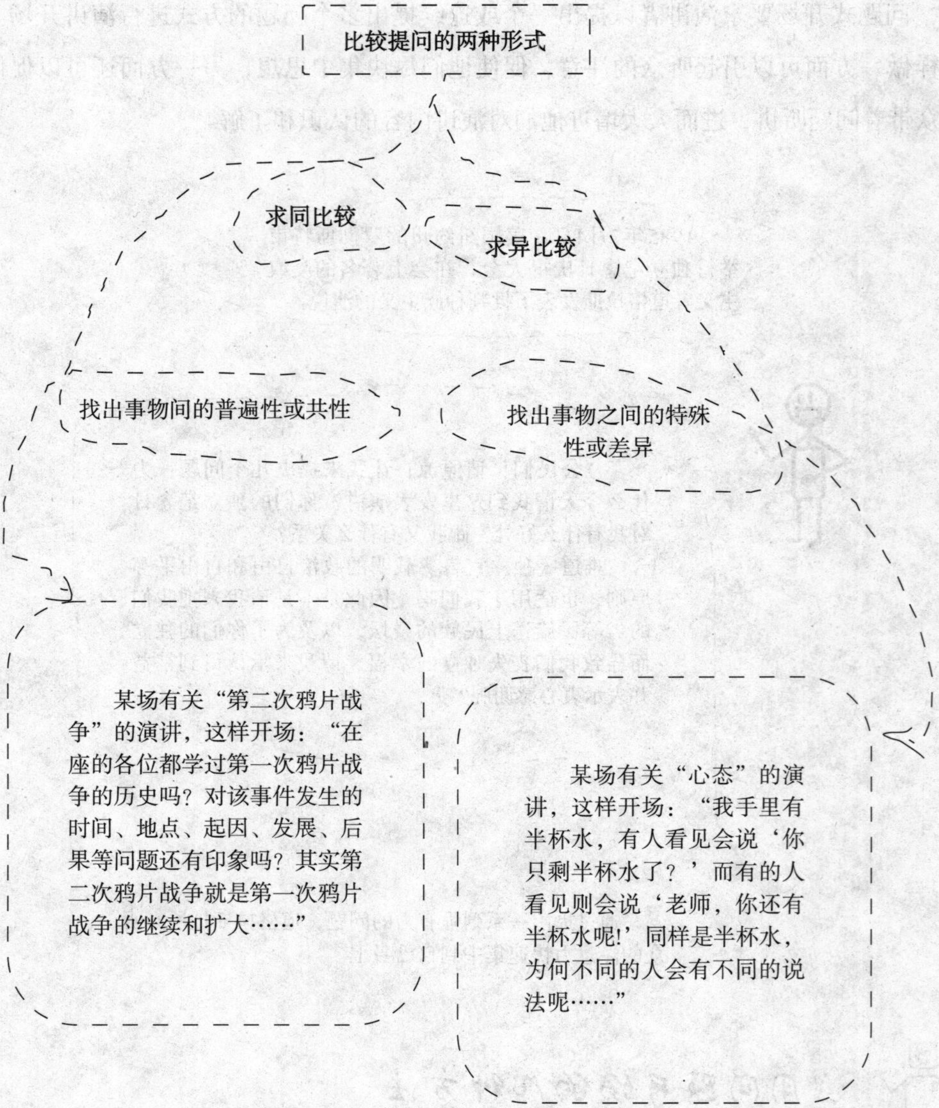

比较提问的两种形式

求同比较

求异比较

找出事物间的普遍性或共性

找出事物之间的特殊性或差异

某场有关“第二次鸦片战争”的演讲，这样开场：“在座的各位都学过第一次鸦片战争的历史吗？对该事件发生的时间、地点、起因、发展、后果等问题还有印象吗？其实第二次鸦片战争就是第一次鸦片战争的继续和扩大……”

某场有关“心态”的演讲，这样开场：“我手里有半杯水，有人看见会说‘你只剩半杯水了？’而有的人看见则会说‘老师，你还有半杯水呢!’同样是半杯水，为何不同的人会有不同的说法呢……”

2. 诱导提问法

诱导提问法是采用步步诱导的提问形式把某个或某些问题提出来，然后通过解释回答问题引出演讲主题。

运用此类方法提问，可使听众快速进入演讲者设置的情景或思考模式之中，进而有利于他们接受和理解演讲者所讲的主题。

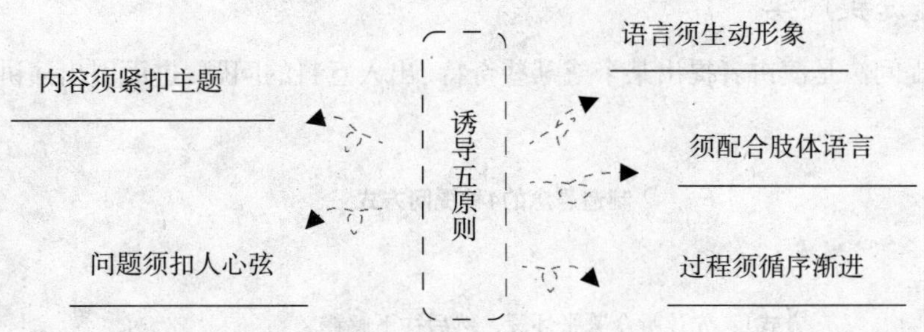

3. 互动提问法

互动提问法是采用互动的形式进行某个或某些问题的探讨，进而引出演讲主题。运用这种方法开场容易活跃现场气氛，容易拉近演讲者与听众的关系，进而让听众轻松快乐地接受演讲内容。

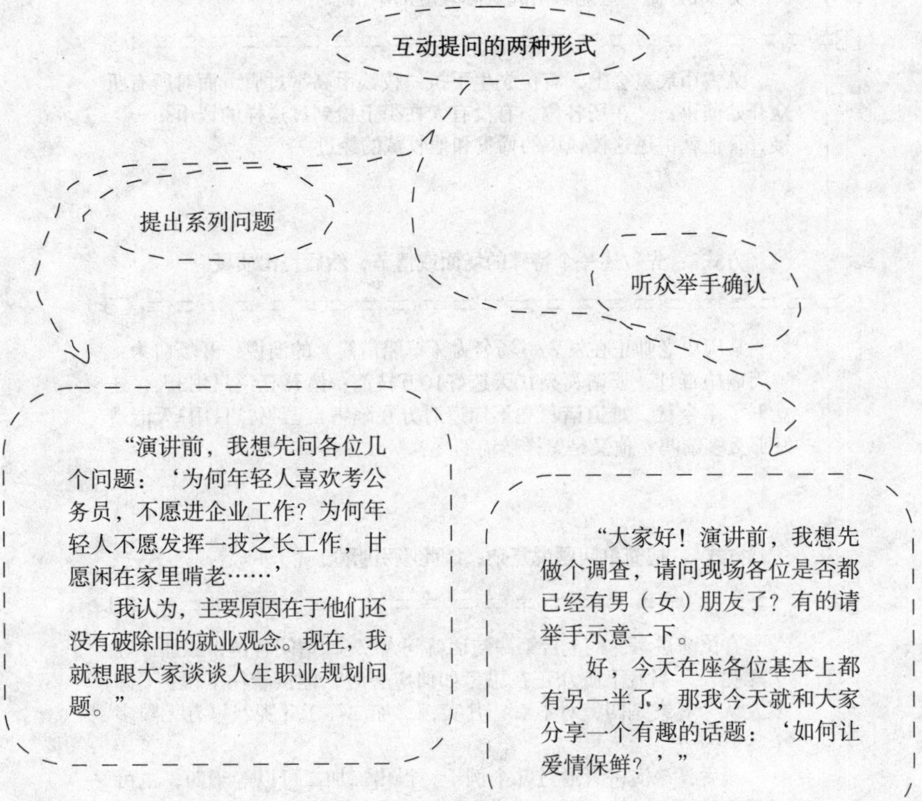

互动提问的两种形式

提出系列问题

听众举手确认

“演讲前，我想先问各位几个问题：‘为何年轻人喜欢考公务员，不愿进企业工作？为何年轻人不愿发挥一技之长工作，甘愿闲在家里啃老……’

我认为，主要原因在于他们还没有破除旧的就业观念。现在，我就想跟大家谈谈人生职业规划问题。”

“大家好！演讲前，我想先做个调查，请问现场各位是否都已经有男（女）朋友了？有的请举手示意一下。

好，今天在座各位基本上都有另一半了，那我今天就和大家分享一个有趣的话题：‘如何让爱情保鲜？’”

4. 悬念提问法

悬念提问法是演讲者提出某个或某些奇特、出人意料的问题，进而引出演讲主题。

制造悬念的4种提问方式

方式1：先让听众紧张怀疑，然后往下解释。

比如："你知道吗？现在世界上还有十七个国家尚未取消奴隶制度……"这样说不仅能引起听众的好奇心，还能激发他们积极回应，"什么？奴隶制度？目前有十七个国家之多？是哪几个国家？在哪个洲……"

方式2：做一些能够引起实际效应的事情。

某古币展览会上，有位先生手执一枚钱币高举过肩，面对所有听众开始演讲："在场各位，有没有人在街上捡到过这样的钱币……"接着，他就讲述这枚钱币的稀贵和他收藏的经过。

方式3：先叙述一个特殊的场面或情节，然后提出质疑。

某历史老师正在发表一场名为《草船借箭》的演说，开场白为："周瑜施毒计，要诸葛亮10天造好10万枝箭；诸葛亮说只用3天，还立下了军令状。难道诸葛亮不知道对方在陷害自己吗？只用3天能造好那么多箭吗？他又是怎样造箭的呢？"

方式4：把简单问题说复杂，以此吸引听众。

有位演讲者，他上台第一句话就问大家："请问各位，二加二等于几呢？"当底下听众正在思考如何应答时，他接着往下说："许多人认为答案是四，对不对？其实，二加二等于几呢？可有无限多个答案……"

随后，该演讲者通过几个例子，得出二加二可以等于四，也可以等于五或六，进而引出演讲主题："我想跟大家谈谈团队合作的事情。"

1.3 以名言开场

——以名言开场，彰显深度。

格言、谚语、诗词名句、名人名言等，具有思想深邃和语言优美的特点，有广泛的群众基础，对青年人更有魅力。所以，演讲者若能适当地运用名言作为演讲开头，不仅会提升演讲质量和声势，还易吸引听众的注意力。

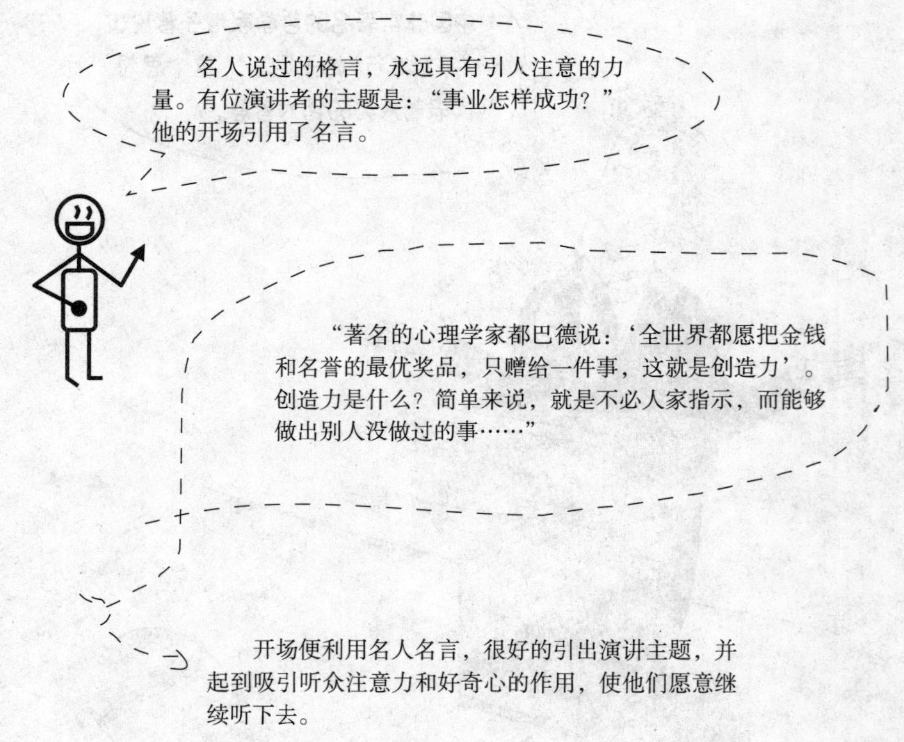

开场便利用名人名言，很好的引出演讲主题，并起到吸引听众注意力和好奇心的作用，使他们愿意继续听下去。

运用名言做演讲开场时，应注意什么

演讲者需要用名言打开场面，切入主题。但在运用名言进行演讲开场时，不要绕太大圈子，不要把过多时间花在与主题无关或关系不大的道听途说、笑话典故上，或是一味解释名言。

演讲者在运用名言做演讲开场时，具体应注意以下几点：

注意事项1：不是所有名言都适合做演讲开场。

那些司空见惯、为青年所熟知的名言，经反复引用后，往往给人俗套之感，使听众觉得厌烦。

这样不仅不能起到吸引人的作用，反而可能会使得全场嘘声四起。

注意事项2：引用名言需紧扣主题。

演讲者所引用的名言应紧扣演讲主题，名言是为主题服务的。

注意事项3：引用名言需通俗易懂，意味深长。

引用名言，要让听众有回味、咀嚼的余地。哲理性要强，但不要太深奥莫测，甚至晦涩难懂，应当注意语言的通俗性。

比如《走自己的路》演讲稿的开头：“路漫漫其修远兮，吾将上下而求索。”开头引用屈原《离骚》中的名句，含义深邃而又必然地引出下文。

注意事项4：引用名言需正确无误。

引用名言时，一定要核实出处和来源。应该避免出现“言”不对“人”的情况。

如果不确定名人的姓名，或名言的归属，就不能凑合使用，更不能凭空捏造。

运用名言做演讲开场的事例总结

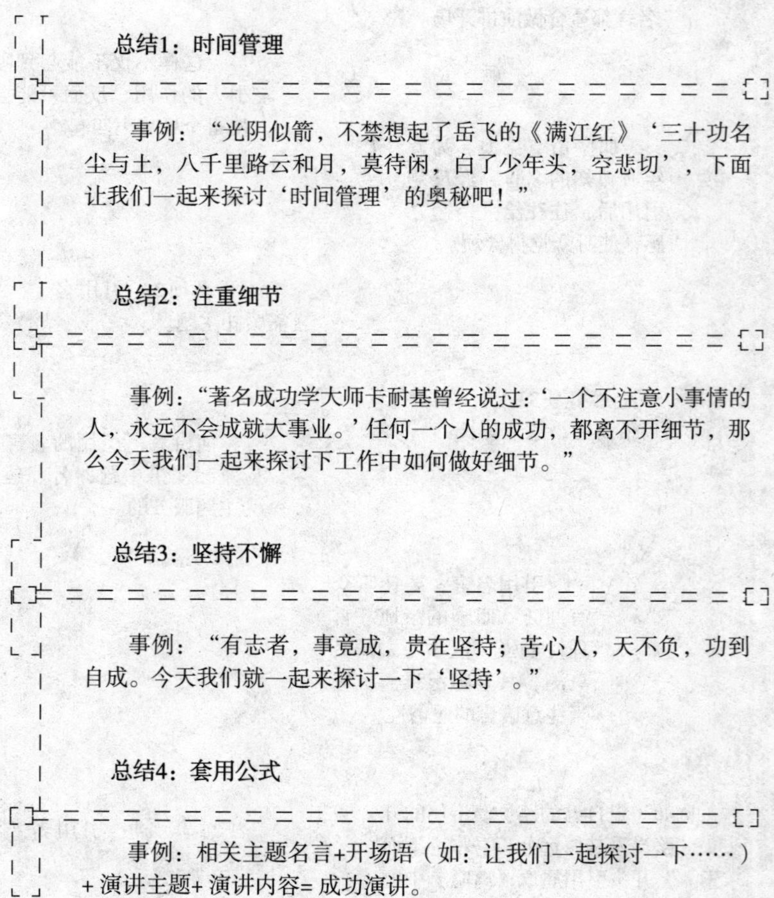

总结1：时间管理

事例："光阴似箭，不禁想起了岳飞的《满江红》'三十功名尘与土，八千里路云和月，莫待闲，白了少年头，空悲切'，下面让我们一起来探讨'时间管理'的奥秘吧！"

总结2：注重细节

事例："著名成功学大师卡耐基曾经说过：'一个不注意小事情的人，永远不会成就大事业。'任何一个人的成功，都离不开细节，那么今天我们一起来探讨下工作中如何做好细节。"

总结3：坚持不懈

事例："有志者，事竟成，贵在坚持；苦心人，天不负，功到自成。今天我们就一起来探讨一下'坚持'。"

总结4：套用公式

事例：相关主题名言+开场语（如：让我们一起探讨一下……）+ 演讲主题+ 演讲内容= 成功演讲。

1.4　以幽默开场

幽默式开场要求演讲者运用幽默诙谐的语言或新奇贴切的比喻进行演讲开场。这样做既能牢牢抓住听众的心，引人发笑，又能活跃现场气氛，让人在笑声中思考，同时它还是启发和引导听众的有力工具。

吉卜林所讲的内容并不是凭空编造出来的，这都是他过去的经历，而且他采用了一种戏谑的口吻说出这些故事，引起了听众的兴趣。

“幽默开场”的四种表现方法

许多演讲者都很清楚，运用幽默方式作为演讲的开场白是很好的选择。然而，根据演讲主题能够寻找或创造出适合的幽默内容却非易事。下面向演讲者提供几种常用幽默开场的方法。

1. 夸张表现法

人们可以把正常的事物用扩大、缩小、超前等非正常化形式表现出来。

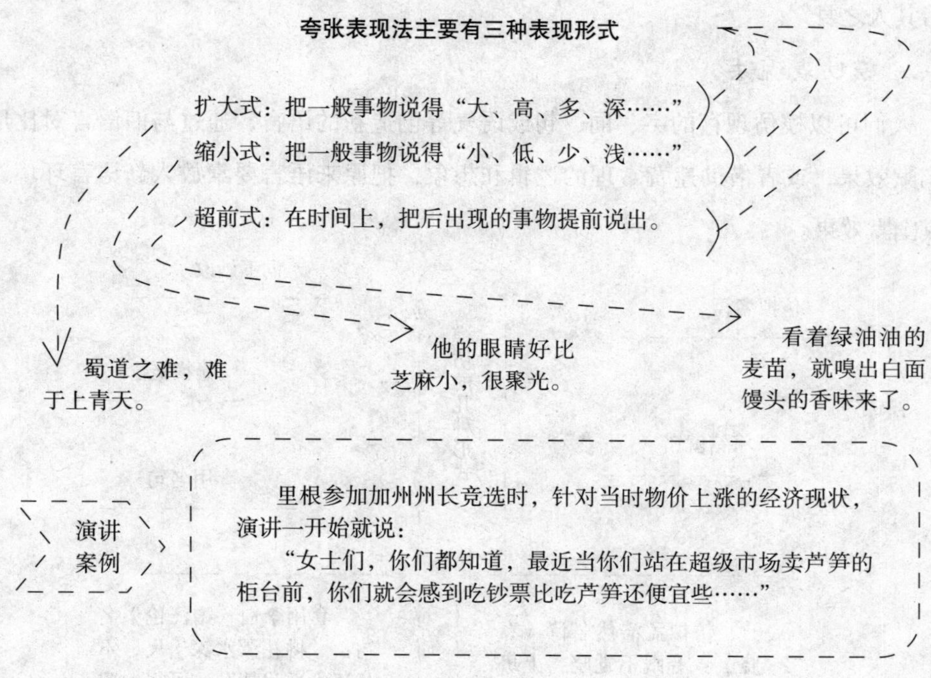

2. 讽喻表现法

这种表现手段是说人们利用富有幽默且寄寓深刻哲理的虚构故事，来阐述说明某种道理。

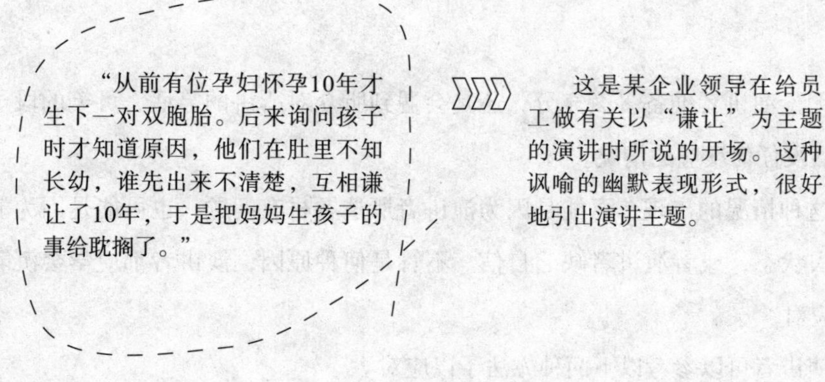

3. 反射表现法

这种方法就是现场套用对方的话语来戏谑反驳对方。其目的在于“以其人之道还治其人之身”。

4. 模仿表现法

人们可以模仿现存的字、词、句或语气等创造新的语言，通过与旧语言对比形成幽默效果，或者借助违背常理的逻辑和想象，把原来语言要素放入新语言环境，形成幽默效果。

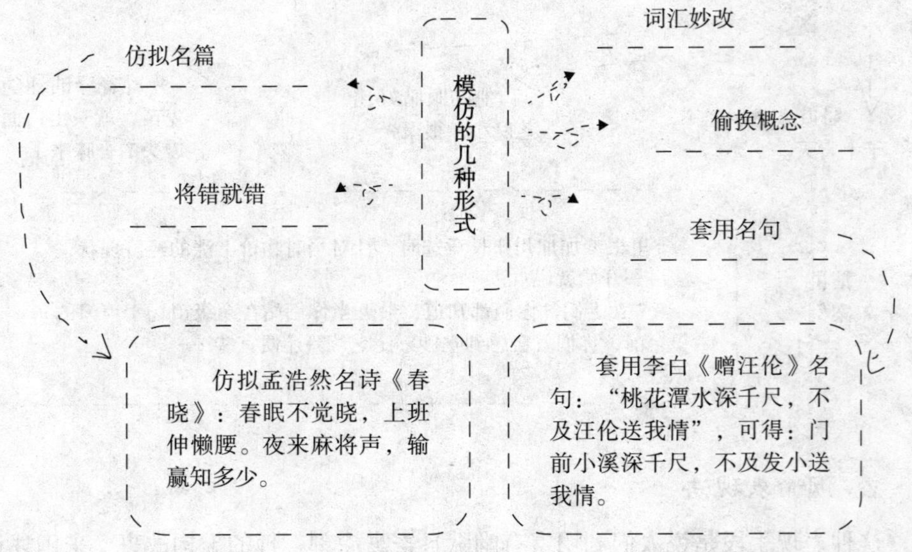

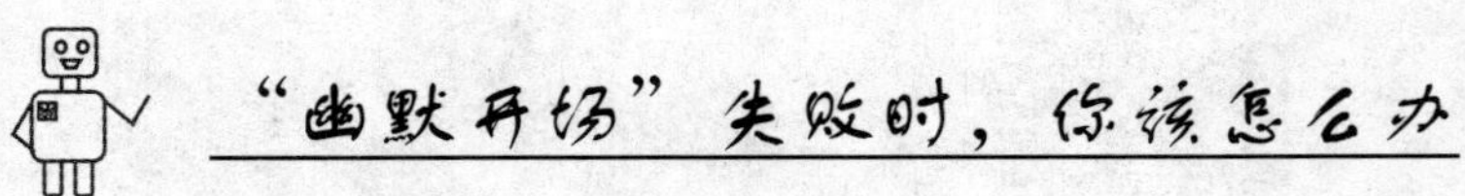

“幽默开场”失败时，你该怎么办

无论演讲者准备多么充分，还是会遇到听众对所讲的笑话、可笑的段子或所有俏皮话没任何反应的情况。

这种情况的出现，可能是因为演讲者所选题材有问题，也可能是因为演讲者没有进入状态，或者演讲者缺乏自信。不管是何种原因，演讲者都应学会沉着冷静地做出应对。

演讲者可以参考以下两种方法予以应对。

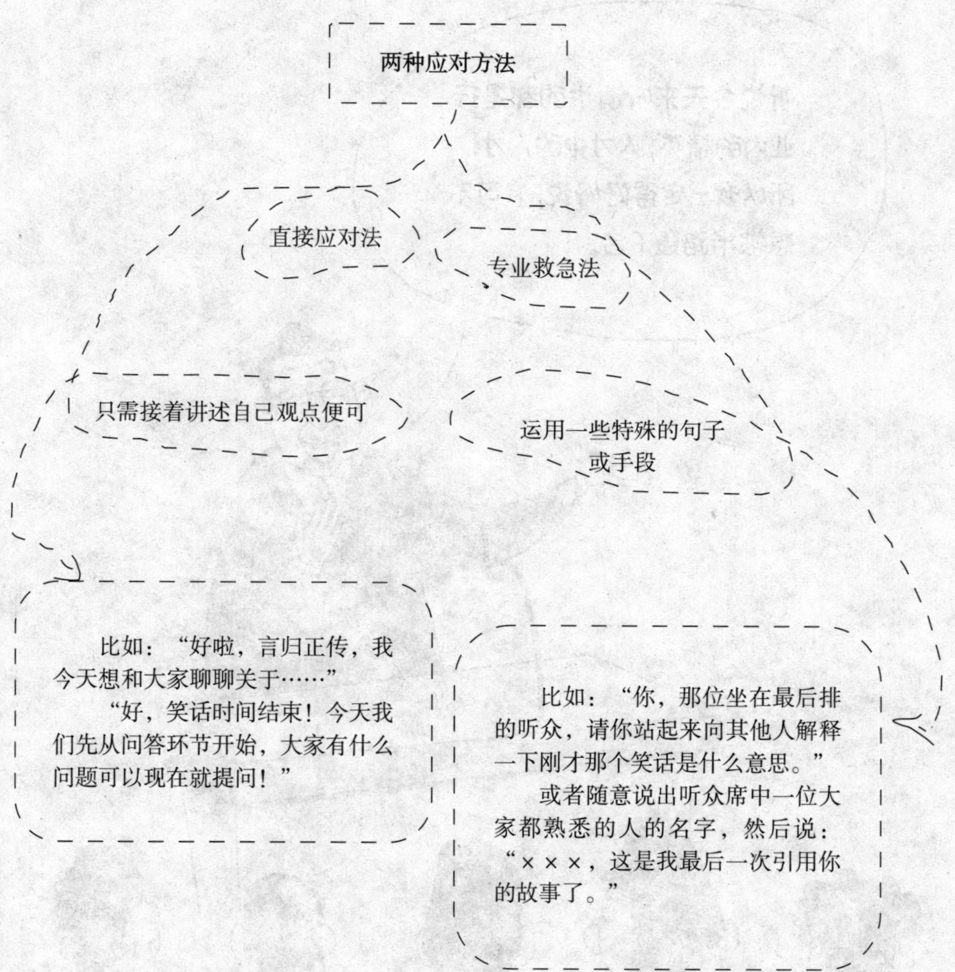

比如："好啦，言归正传，我今天想和大家聊聊关于……"

"好，笑话时间结束！今天我们先从问答环节开始，大家有什么问题可以现在就提问！"

比如："你，那位坐在最后排的听众，请你站起来向其他人解释一下刚才那个笑话是什么意思。"

或者随意说出听众席中一位大家都熟悉的人的名字，然后说："×××，这是我最后一次引用你的故事了。"

1.5 以赞美开场

听说今天来听演讲的都是行业内的精英，人才中的人才，所以我一定得好好说，我可不想被半路轰下台。

每个人都渴望被人赞美。如果演讲者在开场时，能对听众说几句赞美的话，不失为一种缩短与听众感情距离的好方法。

运用赞美方式开场需要把握哪些原则

1. 赞美要适度

演讲者赞美听众的尺度应该把握好，最好做到恰如其分、点到为止，否则过犹不及，直接影响赞美效果。另外，赞美之言也不能滥用，一旦过头就可能变成吹捧，这时听众不但不领情，还有可能产生反感和蔑视情绪。

2. 赞美要真诚

真诚是赞美的先决条件。演讲者只有发自内心地赞美听众，才能获得听众的认同，进而打动听众的心。

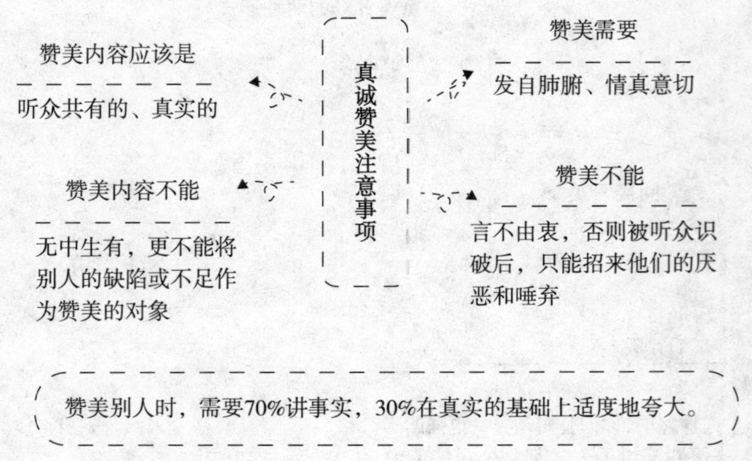

赞美别人时，需要70%讲事实，30%在真实的基础上适度地夸大。

3. 赞美要适时

演讲者赞美听众时，应该认真把握时机，争取做到恰到好处地赞美。演讲现场时间有限，如果演讲者发现听众有值得赞美的地方，要善于及时大胆地赞美，千万别错过机会。尤其是了解到听众的公认成绩时，更应该锦上添花。

4. 赞美要具体

演讲者赞美听众的语言需要具体、形象或丰富，空泛化的语言只能让听众怀疑演讲者的动机。

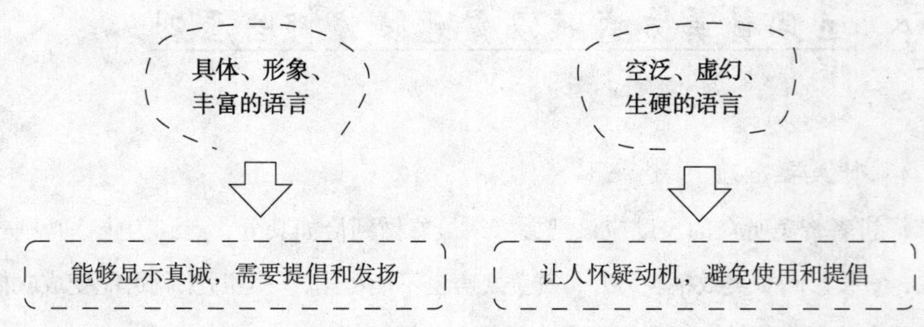

运用赞美开场时应该注意的事项

在演讲过程中，有许多地方值得演讲者关注，尤其是选择以赞美方式开场时，需要注意以下几点：

1. 间接赞美可能比直接赞美效果更好

演讲者真诚坦白地直接赞美听众，固然能取得效果，但是稍有用词不当或没把握好度就容易让人误认为是阿谀奉承。如果采用间接的表达方式，就可以很好地避免这种问题。

间接赞美的三种表现形式

第一种：背后赞美他人——借助某件事从侧面或背后反衬出赞美听众

第二种：借第三方口吻赞美对方——借助他人赞美听众的话，去赞美听众

第三种：以面代点的赞美——针对听众的优点，赞美其优点所在的层面

演讲案例

这是北京某大学老师被某小县城的一所中学特邀做“关于如何应对高考”的演讲。他开头先用校长的原话赞扬了所有学生，随后才渐渐切入主题。具体内容如下：

“刚下车，我就听校领导介绍，咱们学校是县城九所中学中高考升学率最高的一所中学。按照这样推理，在座各位就是该县城最有前途的学生啊……”

2. 一定要做好演讲前的准备工作

在每次上台演讲前，演讲者需要做好事前准备工作，或是能够根据现场环境立刻做出反应，这样才不至于每次说出来的赞美都是一成不变的。一般情况下，演讲者说出适当的赞美都会得到听众的积极响应，这对演讲继续开展很有帮助。

3. 注重发掘他人的价值

每次做演讲，演讲者所演讲的内容、所演讲的场地、所面对的听众等都会有所不同，这就要求他们在演讲时注意结合演讲主题和现场环境，努力发掘不同听众群体的价值，这样的赞美更容易获得听众的认可。

面对不同听众，赞美内容不同

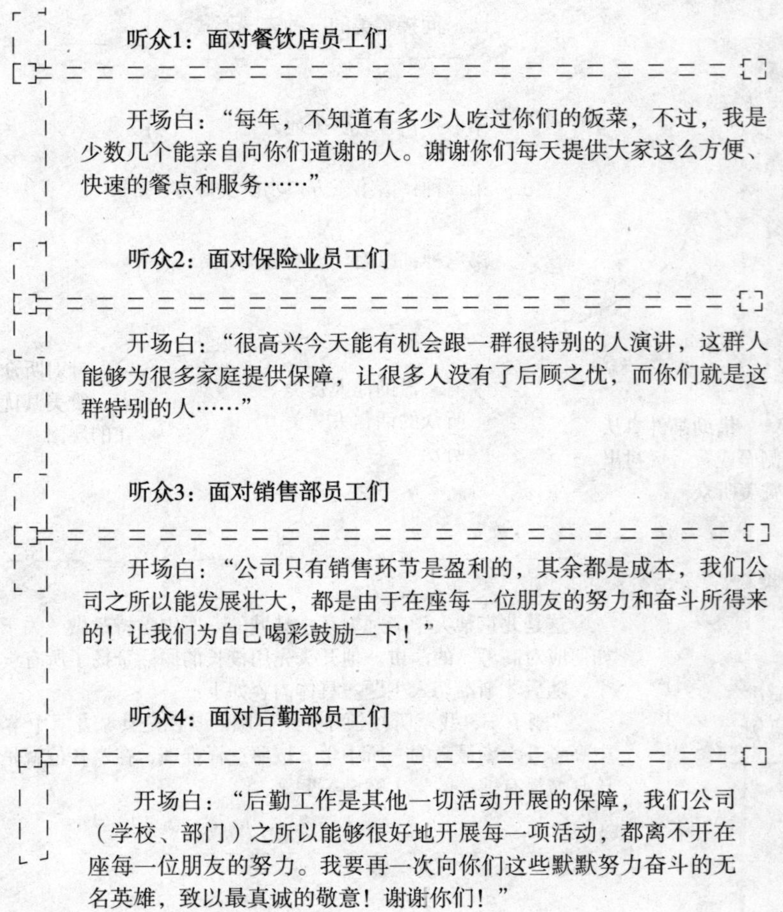

听众1：面对餐饮店员工们

开场白："每年，不知道有多少人吃过你们的饭菜，不过，我是少数几个能亲自向你们道谢的人。谢谢你们每天提供大家这么方便、快速的餐点和服务……"

听众2：面对保险业员工们

开场白："很高兴今天能有机会跟一群很特别的人演讲，这群人能够为很多家庭提供保障，让很多人没有了后顾之忧，而你们就是这群特别的人……"

听众3：面对销售部员工们

开场白："公司只有销售环节是盈利的，其余都是成本，我们公司之所以能发展壮大，都是由于在座每一位朋友的努力和奋斗所得来的！让我们为自己喝彩鼓励一下！"

听众4：面对后勤部员工们

开场白："后勤工作是其他一切活动开展的保障，我们公司（学校、部门）之所以能够很好地开展每一项活动，都离不开在座每一位朋友的努力。我要再一次向你们这些默默努力奋斗的无名英雄，致以最真诚的敬意！谢谢你们！"

第 2 章

5 个演讲内容要点

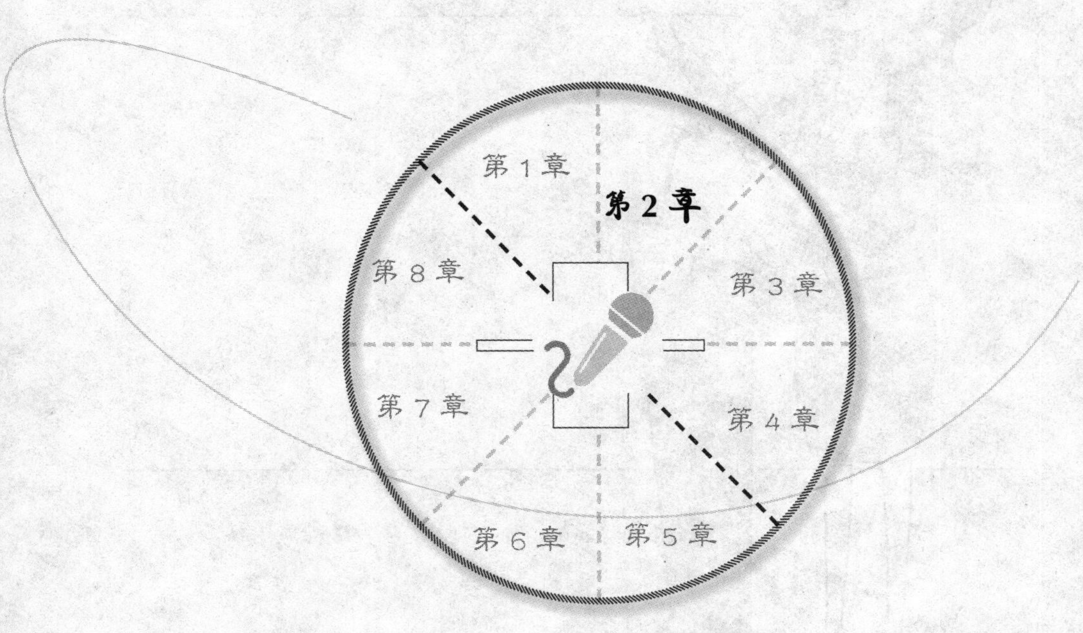

主题明确

论据确凿

新颖别致

通俗易懂

层次分明

2.1　主题明确

——主题不明确，难免被忽略。

把握主题明确的重要性

主题是演讲的灵魂，它决定演讲思想性的强弱，制约材料的取舍和组织，影响论证方式和艺术调度。没有明确主题的演讲，即使讲得天花乱坠，也会让人不知所云，不得要领。

演讲者在演讲时若不能明确主题，则可能会出现以下五种情况：

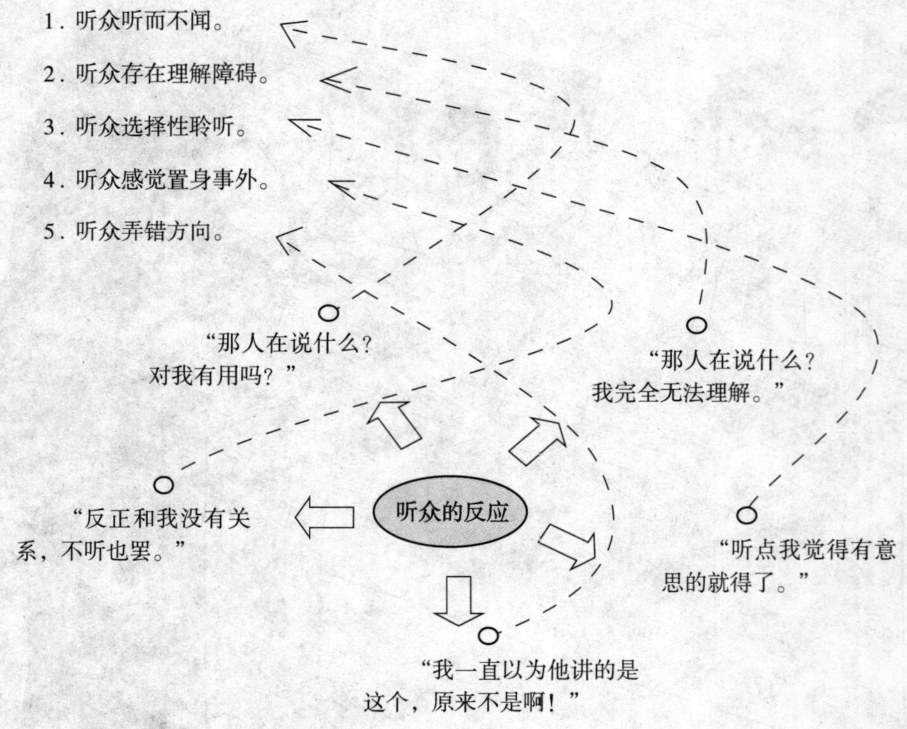

抓住主题明确的因素

要做到明确主题，演讲者在演讲过程中需抓住五个方面的因素。因为主题是贯穿演讲始终的，只有追根溯源，全面统筹这五个因素，才能使得主题明确。

1. 中心明确

做到主题明确，必须具备明确的中心，这是第一步也是最重要的一步。如果不能事先确定明确的中心，将会导致演讲内容不成体系，七零八落。

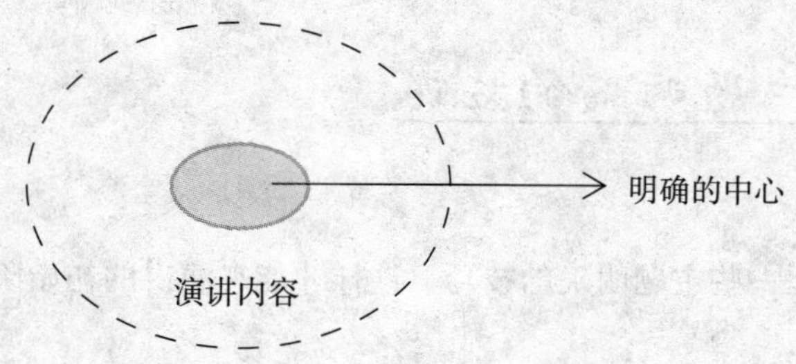

2. 论据明确

做到主题明确，必须具备明确的论据。在确定中心后，要收集论据资料，再根据内容中心对资料进行相应的取舍，选出最适合做论据的资料。

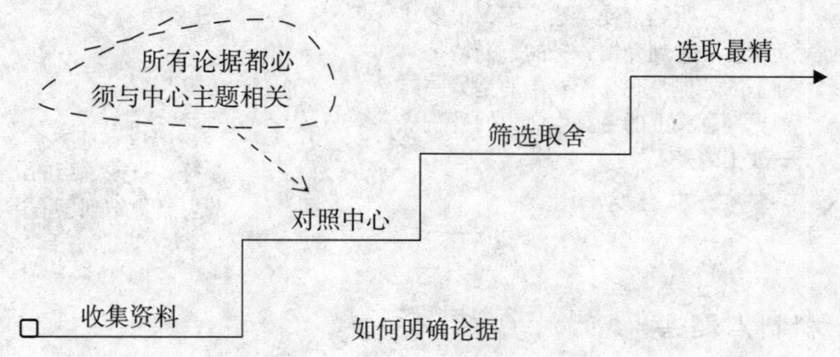

3. 表述明确

做到主题明确，必须具备明确的表述，必须做到围绕中心进行精准到位的表述，切忌天马行空、不知所云，否则，可能导致严重的跑题。

4. 思路明确

做到主题明确，必须具备明确的思路，必须提前做好演讲的规划，逻辑严谨，一环紧扣一环，切忌想到哪里说到哪里。

5. 效果明确

做到主题明确，必须具备明确的预期效果。主题是为效果服务的，只有明确了演讲应有的效果，才能围绕预期效果组织恰当的内容。

掌握主题明确的技巧

演讲者需掌握一些主题明确的技巧，这样才能在演讲的初始阶段或进行过程中做到主题明确。

1. 开门见山法

开门见山是最典型、最实用的一种明确主题的方法，是指在演讲开始时便把主题直观地平铺在听众的眼前。

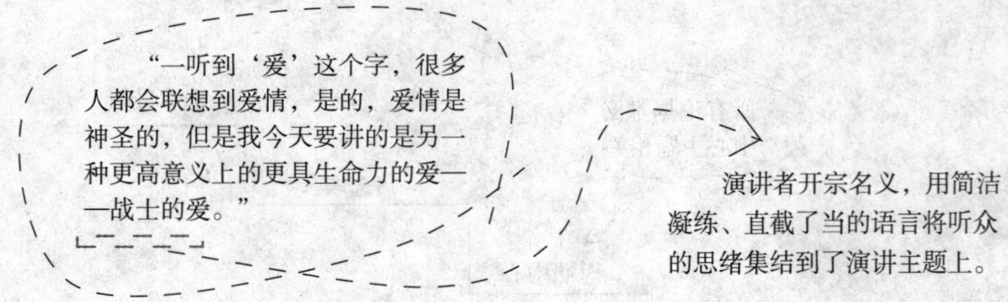

2. 材料点题法

通过丰富的材料进行点题，可以让听众马上抓住演讲主题，通过材料也可激发倾听兴趣。

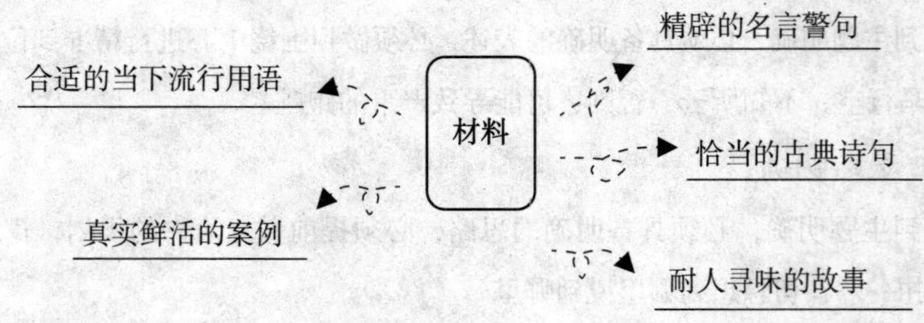

3. 高潮抛出法

在演讲达到每一个高潮的时候再次高高地、重重地抛出主题，使得主题能够再次直击听众的内心。通过一个个高潮的进行，主题被逐渐累积升华。

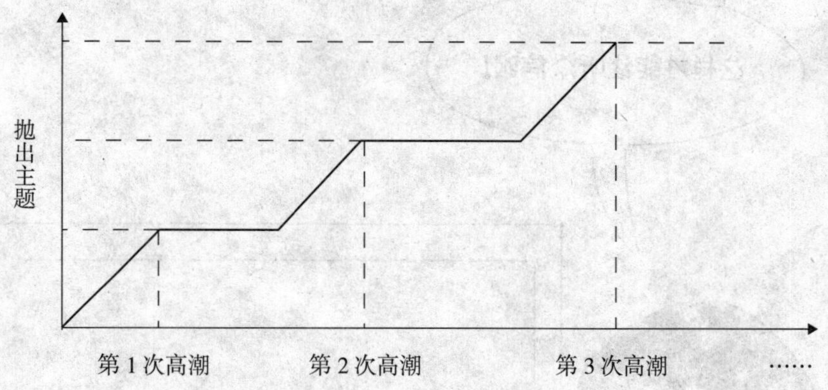

4. 修饰突出法

采用气势磅礴的排比句或运用使人思考的反问句等语言表达技巧修饰所要表达的主题，达到突出主题的目的。

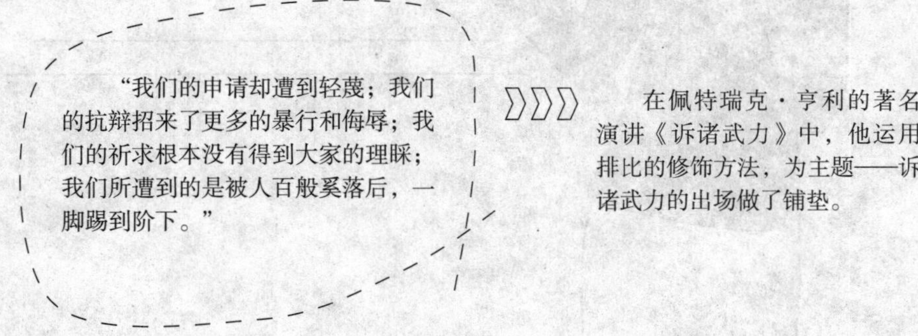

2.2 论据确凿

这样才能让听众信服！

演讲时，论据应翔实、确凿！

一个好的演讲不光靠热情，还需要解决听众心里的三个问题——“这话是什么意思？”“我为什么要相信你的话？”“那又怎么样？”——要回答这些问题，就需要强有力、确凿、缜密的论证材料作为支撑。

了解论据的六个典型类别

论据的范围非常广泛，凡是可作为支撑演讲内容的对象都可成为论据。下面列举六种经常使用的典型论据。

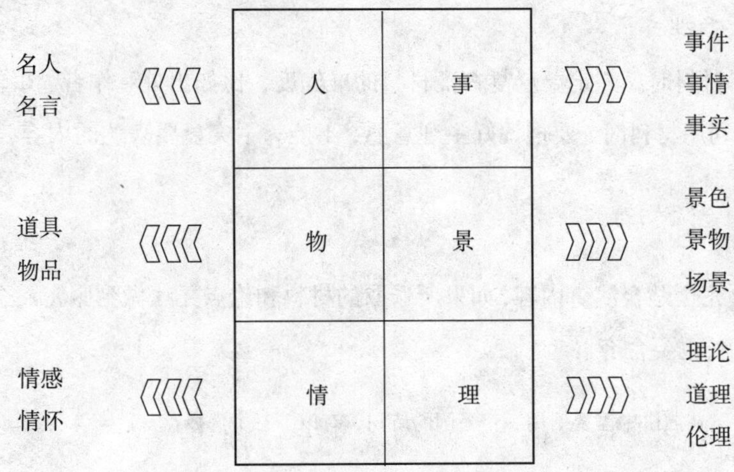

论据六宫格

什么样的论据是确凿的论据

论据的范围既然如此广泛，那么从这个范围内选择论据时必须把握最重要的一个特征——确凿。论据是支撑论点的有力后盾，需要经受住反复的推敲。论据无法做到确凿，论点就会不攻自破，自然导致演讲失败。

确凿的论据应该具备以下几点。

1. 真实性

真实性原则要求论据要选取生活中发生的、实实在在存在的事件、现象或确凿可信的理论依据。

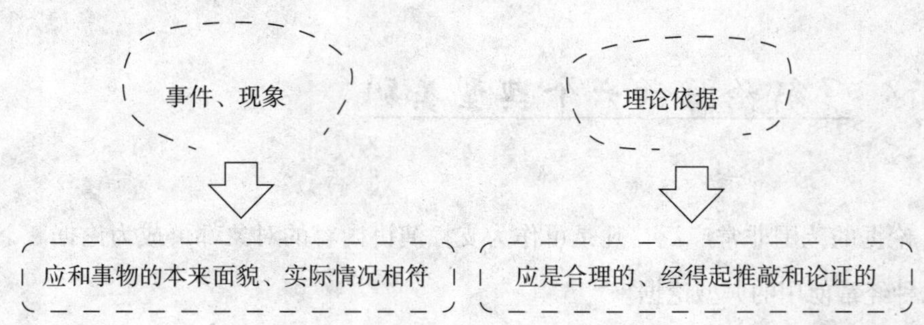

2. 准确性

在选择材料时，一定要反复查证材料的准确度，比如出处、作者、事件、过程、结果等。在利用材料时，要把握好主观意愿，不能为了突显要表达的内容，随意夸大、曲解材料。

3. 贴合性

论据要完全贴合演讲内容，如果所选取的材料和论点无法做到紧密贴合，再准确、再新颖的材料也要舍弃。

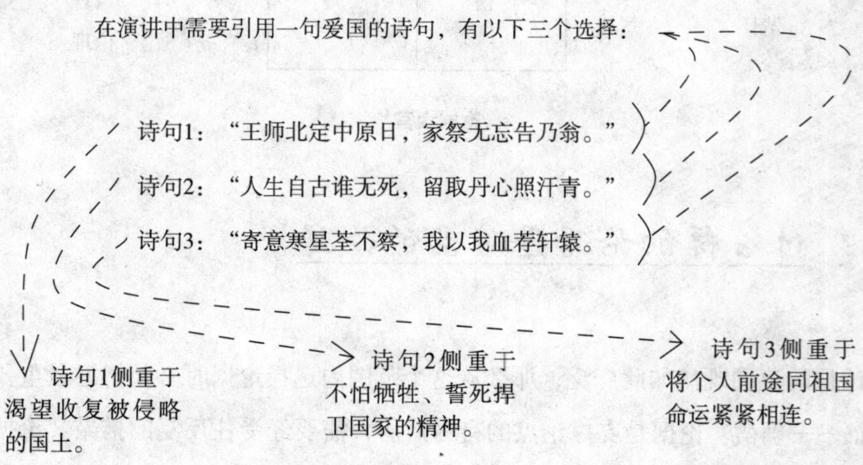

每句诗句的侧重点各有不同，所以，在选为论据时应有所区分。

4. 典型性

所选的论据要有代表性，而不是单纯的个别事例。具有典型性的材料既有共性又有鲜明的个性，能够深刻揭示事物本质，具有较强的说服力。

如何选择确凿的论据

若要确保论据的确凿可信，首先应具有一个审慎的态度，以严谨的眼光审查每一个入选的论据，做到反复查证，才能发现存在的问题，及时更改错误，这是最基本的要求。人们可以参考以下几条内容选择确凿的论据。

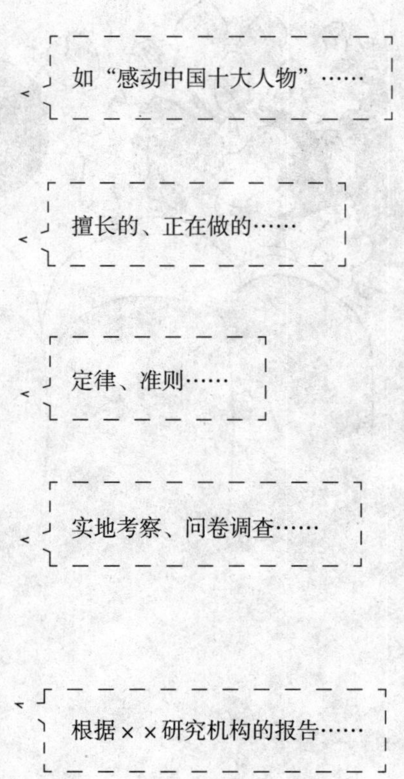

（1）选择人们耳熟能详的论据

选择人们耳熟能详的论据，最能被听众所信服。但要把握材料的新颖度。

（2）选择自己最为熟悉的论据

可以最大程度规避不实信息，用起来也会得心应手。

（3）选择人们约定俗成的论据

此类论据已被绝大多数人奉为确认无误的真理。

（4）选择经过亲自调查的论据

亲自调查自己需要的内容而得出的论据最为可信。

（5）选择经过权威认证的论据

有选择地选取经过权威认证的论据，但不能过度相信权威，最好再经过个人的查证。

2.3 新颖别致

——材料新颖，演讲便能抓住听众。

“喜新厌旧”是听众的普遍心理，一些老生常谈的东西往往容易让听众感到讨厌和反感，甚至有时候是一种折磨，而一些新颖别致的话题和内容则能够激发听众的热情，勾起听众的兴趣，让听众觉得是一种享受。

若要使得演讲内容新颖别致，可从以下几个方面着手。

演讲的思想要新颖别致

一个新颖的演讲思想，往往能给听众耳目一新的感觉，像一个巨大的磁场紧紧吸引着听众。要想使演讲思想出新，就要破旧立新，即否定、破除旧的观点，提出全新观点，就能收到语出惊人、震撼人心的特殊效果。

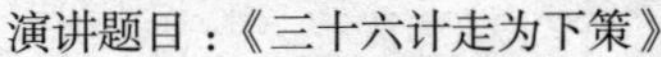

演讲题目：《三十六计走为下策》

内容规划：以各种名人故事指出在遇到困难时，“走”不是良策，可以采用“坚持到底”“扼住命运的咽喉”“创造奇迹”等其他策略。

这个演讲思路打破人们“三十六计走为上策”的常规思维，提出自己的观点——生活给了我们这么多选择，逃避肯定不是最好的那一个。

演讲内容的架构要新颖别致

这里所说的演讲内容架构的新颖别致，即拒绝从头到尾平铺直叙的方式，而是在适当时候做到有起有伏，不仅可以调动听众的兴趣，还可以为演讲增添色彩。

1. 更新架构方法

做到演讲内容构架上的新颖别致有多种办法，比如改变顺序、设计悬念等。

一次关于以戒烟为主题的演讲中，演讲者提出了吸烟的3个好处：

第一，狗不敢咬吸烟者！
第二，吸烟者家里不招盗贼！
第三，吸烟者永远年轻。

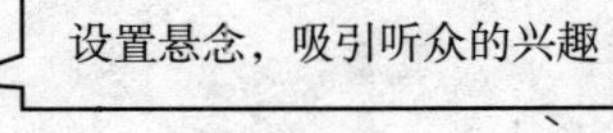

演讲者解释：

吸烟者驼背多，狗一见以为弯腰捡石子打它，所以转身就跑。
吸烟者夜里爱咳嗽，小偷以为有人没睡着，所以不敢去偷。
吸烟者很少命长，所以说吸烟者永远年轻。

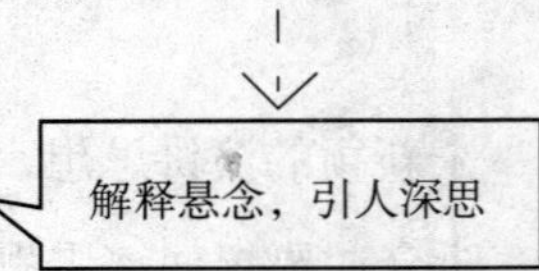

2. 更新表现形式

在内容架构的表现形式上也可以做到新颖别致，如借助一些特别的道具或采用特殊的行为、动作等。

如：一位演讲者做《论坚守岗位》的演讲时，突然中断演讲，径直离去。听众皆哗然。半途中，演讲者回来，说："如果我在演讲的时候擅自离开是不能被容忍的，那么工作的时候玩忽职守，难道不应受到谴责吗？"听众沉默片刻后，报以热烈掌声。

演讲者以实际行动告知听众坚守岗位的必要性

演讲的材料要新颖别致

演讲中，若能选用新颖别致的材料，不但能生动鲜活地表现主题，而且能吸引人，抓住人，打动人。

1. 演讲材料新颖

所谓新颖的材料即指那些听众甚少听过的、新鲜奇特的材料。这要求演讲者有宽泛的阅读面和宽广的知识面，还要学会主动收集新颖的演讲材料，并有目的地记录下来，以备日后选用。

收集新颖材料的方法：

（1）图书馆查询；

（2）浏览报刊、各大论坛、社区等；

（3）关注国内外的各类即时信息；

（4）多与他人交流，如同事、邻居，甚至陌生人。

演讲示例：

演讲主题：自信
演讲题目：我是拿破仑的孙子

演讲内容：“亨利是一个靠救济金生活的人，一天，他的朋友对他说：我看到一篇文章，说拿破仑的私生子有一个儿子，体貌特征和你很像。亨利半信半疑，但他愿意相信自己就是拿破仑的孙子……凭着自己是拿破仑孙子的信念，他克服困难，成为了一家大公司的董事长。”

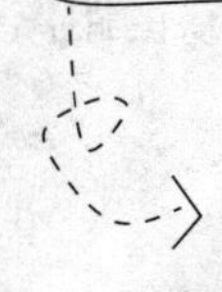

这则演讲材料选取了一个鲜活的生活故事，是大家闻所未闻的，令听众耳目一新。

2. 旧材料出新意

旧材料出新意重在演讲者自身的创新。演讲者通过从不同角度审视材料，可以发现材料与众不同的地方和可以创新的地方。

要做到旧材料出新意需要演讲者做到以下几点：

（1）勤于质疑。质疑自己想不通的地方和有问题的地方。

（2）勤于观察。观察别人忽略的地方和细节的地方。

（3）勤于思考。经常进行发散思考或与他人一起思考。

（4）勤于学习。学习自己不熟悉的领域和不擅长的领域。

演讲开始前，演讲者在黑板上写下了一首诗："月黑雁飞高，单于夜遁逃。欲将轻骑逐，大雪满弓刀。"他说："这是被广为流传的唐代卢纶的《塞下曲》，但我觉得这首诗有很大的问题。大家想想，没有月光的夜晚怎么能看到大雁飞？既是严冬时节，北方又哪来的大雁？今天我要讲的题目就是《读书与质疑》"。

演讲者摆出一首听众很熟悉的诗，挖掘出没有被众人发现的问题，由此提出自己的质疑，并引出演讲题目，做到了从旧材料中创造出新意。

演讲内容的载体要新颖别致

演讲内容的载体即演讲使用的语言。新颖别致的语言，往往能打破人们固守的心灵，让听众得到语言艺术上的享受。

1. 运用有时代气息的语言

新鲜活泼、有时代气息的语言可以更贴近听众的内心，拉近与听众的距离，激起听众的共鸣。

一位中学校长在全校的师生大会上发言时讲了这样一番话：

"我发现你们有些同学走向两个极端：一小部分学生基本上是不怎么读书的……'风声雨声读书声，我不作声；家事国事天下事，关我屁事'，这大概是对他们的最好写照。另一种类型就是属于'两耳不闻窗外事，一心只读教科书'那种……21世纪，一个合格的中学生应该做到'学业与能力齐飞，修养共素质一色'。"

这位校长把成语、俗语、俚语、联语、诗句等多种元素改装整合，使原本正统的语言变得新颖别致、诙谐幽默。

2. 运用新颖的语言表达技巧

（1）运用逆向思维的技巧

在使用逆向思维时要把握好尺度和分寸，这种技巧只适用于演讲的一个小部分，而不能运用于整体。

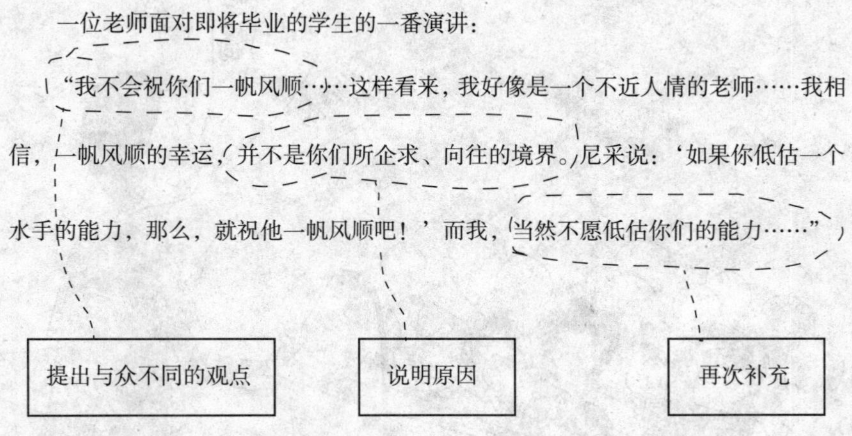

（2）运用正话反说语言表达技巧

如话语上肯定，而意义上否定；或话语上否定，而意义上肯定。

按一般人的观念，大拇指是顶呱呱的象征，而小拇指是差劲的象征，如果直接比喻男人和女人，这种比喻一定会激起女听众的反对。

一位演讲家在演讲中打了一个比喻，说：“男人，像大拇指；女人，像小拇指。”话音刚落引起了女性听众的强烈反对。演讲家立即补充道：“人们的大拇指，粗壮有力，而小拇指却纤细、灵巧而且可爱。不知诸位女士，哪一位愿意颠倒过来？”这句话立即平息了女听众们愤怒的情绪。

演讲家其实是蓄意正话反说，他利用小拇指的特征把比喻翻转过来，揭示出正面的意思。

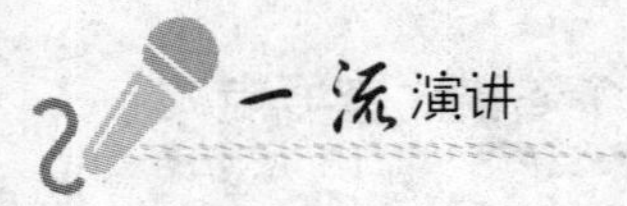

2.4 通俗易懂

语句抽象总是糟糕的，你的句子里应放满石头、金属、桌子、椅子、动物、男人、女人。 ——法国哲学家阿兰

有些演讲者认为在听众面前表现自己的文化修养，给人留下文化高深的印象，可以成就一次成功的演讲。其实不然，过分凸显自己的文化修养反而会让听众无法理解演讲内容，更无从消化演讲内容，从而导致一次彻底失败的演讲。

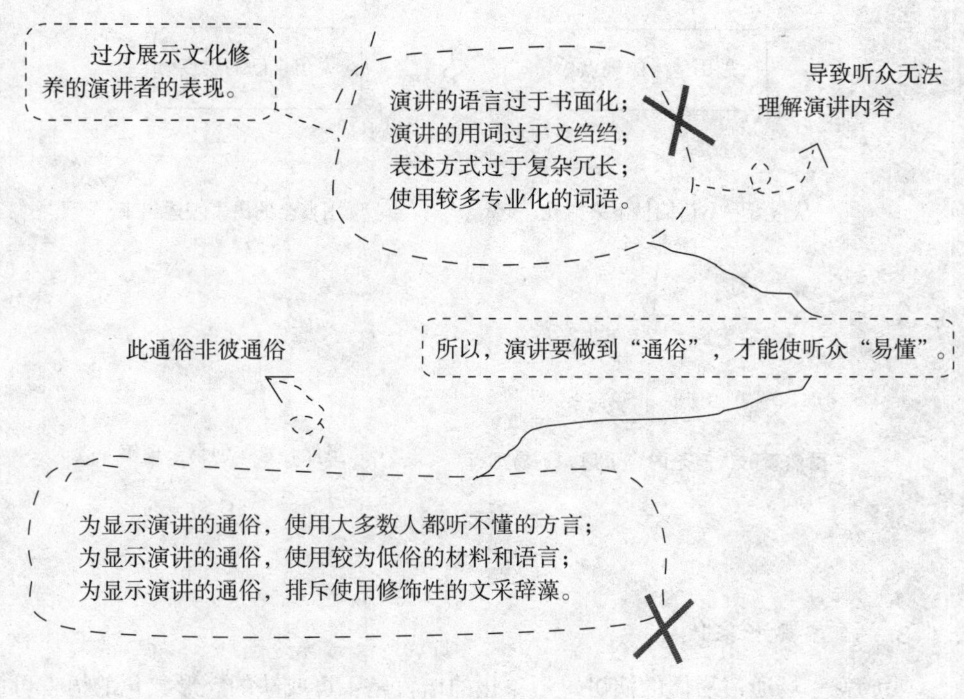

如何做到演讲内容通俗易懂

为了使演讲的内容通俗平易，人们需要把握好以下四个方面：

1. 演讲语言要口语化

演讲等同于交际，必须要朗朗上口。使得演讲语言口语化需要注意以下两个方面:

（1）演讲时需把书面化的语言改为口语化的语言。

（2）注意选择有利于口语表达的词语和句式，如双音节和多音节的词语比单音节的词语更容易上口。如“我要写演讲稿时”就不如“当我要写演讲稿的时候”顺口。

2. 要说出自己的观点

演讲时要突出语言的个性化，着重于用自己的语言表达自己的观点，而不能生搬硬套他人的话。

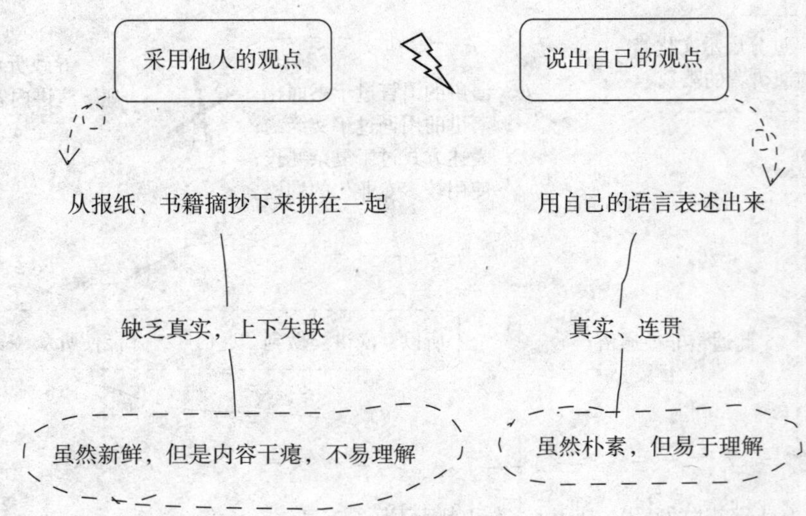

3. 语言要形象化

要成就一场通俗易懂的演讲，形象化的语言是不可或缺的。形象化的语言可以起到锦上添花、事半功倍的效果，把不易理解的内容转换为其他形式，便于听众理解。常用的方法如下：

（1）比喻；

（2）拟人；

（3）对比。

4. 演讲内容要有逻辑性

逻辑在演讲中至关重要，如果不能把心里要表达的内容有条理地表述出来，那么听众接收的信息将是混沌的乱码。

人们通过下面的一个典型的逻辑训练锻炼逻辑能力：

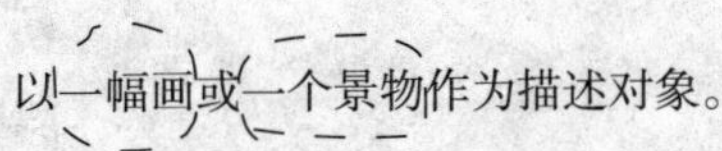

以一幅画或一个景物作为描述对象。

第 1 步：对描述的对象进行观察。比如描述对象是“秋天的小湖边”，就需要观察湖边有什么：有树？有假山？有凉亭？有游人？……

第 2 步：抓住景物的特点，有顺序地进行描述，语言要清楚、明白。比如在描述小湖边的时候从四个方向逐个描述，抓住湖边的一位老爷爷展开联想。

灵活运用五个要点做到通俗易懂

演讲能够做到雅俗共赏是最理想的状态，但是大多数情况下，演讲针对的听众良莠不齐，这就需要演讲内容必须体现通俗易懂的特点，适应大多数人的口味。要做到通俗易懂，须注意五个要点的运用。

1. 善用通俗易懂的常用语

常用语是在日常生活交际中都经常使用到的固定的词组或句子，具有稳定的意义和很强的概括性。

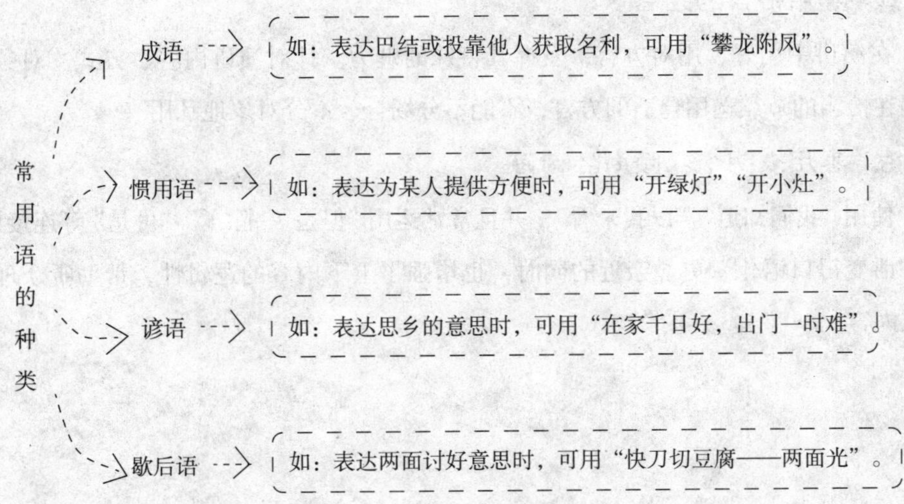

2. 善用凝练深刻的名言

名言名句富有哲理，耐人寻味，帮助凸显主题，最重要的是其脍炙人口、广为流传。适当运用名言名句，可以把一些复杂的意思更简单地表述出来。

3. 善用简洁明快的句子

使演讲中的句子做到简洁明快应注意以下三点：

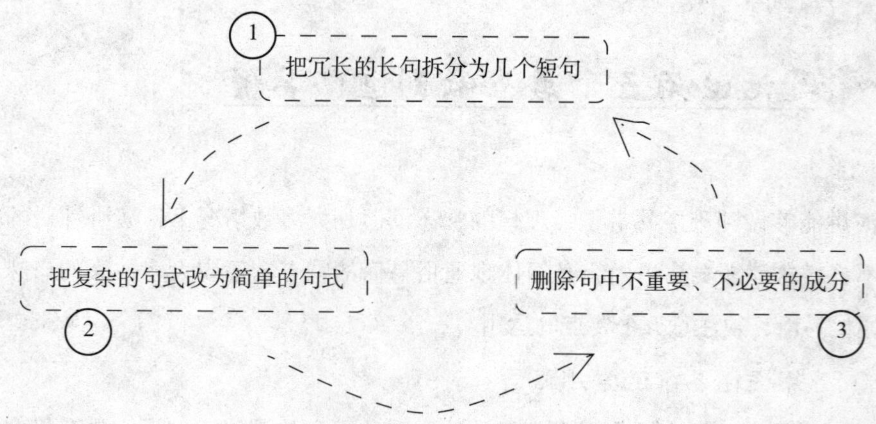

4. 善用恰当的方言

在演讲中用好、用对方言，发挥其特殊的魅力。针对演讲内容、方式、对象的不同在恰当的节点选用合适的方言，不能不分场合、不分对象地乱用。

5. 善用表明个人倾向的词语

使用“我们知道”“以我来看”，并且常常运用“但是”“除了”“可是”等连接词，使讲话变得口语化、更显亲近的同时，也增强了上下内容的逻辑性，帮助听众理解演讲内容。

2.5　层次分明

——演讲内容毫无逻辑，散乱如麻，
会直接影响演讲效果。

一些演讲者常会犯一个毛病——演讲内容杂乱无章，毫无章法可循，使听众听得云里雾里，琢磨不透演讲者要表达的内容。

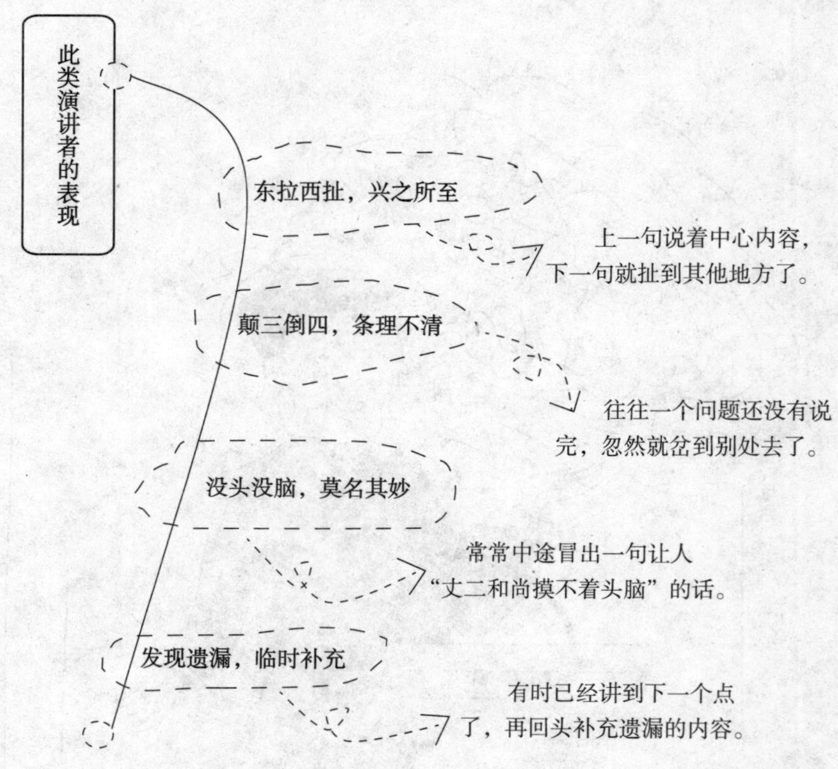

演讲者的这些表现大部分是因为没有规划好演讲层次，导致了言语顺序混乱、内容结构不严谨等问题，所以，演讲者只有做到层次分明，才能清晰明确地传达自己的观点。

层次分明的演讲是什么样的

一个层次分明的演讲必须要以把握通篇格局为前提，以统筹安排演讲内容为重点，并做到以下四点：

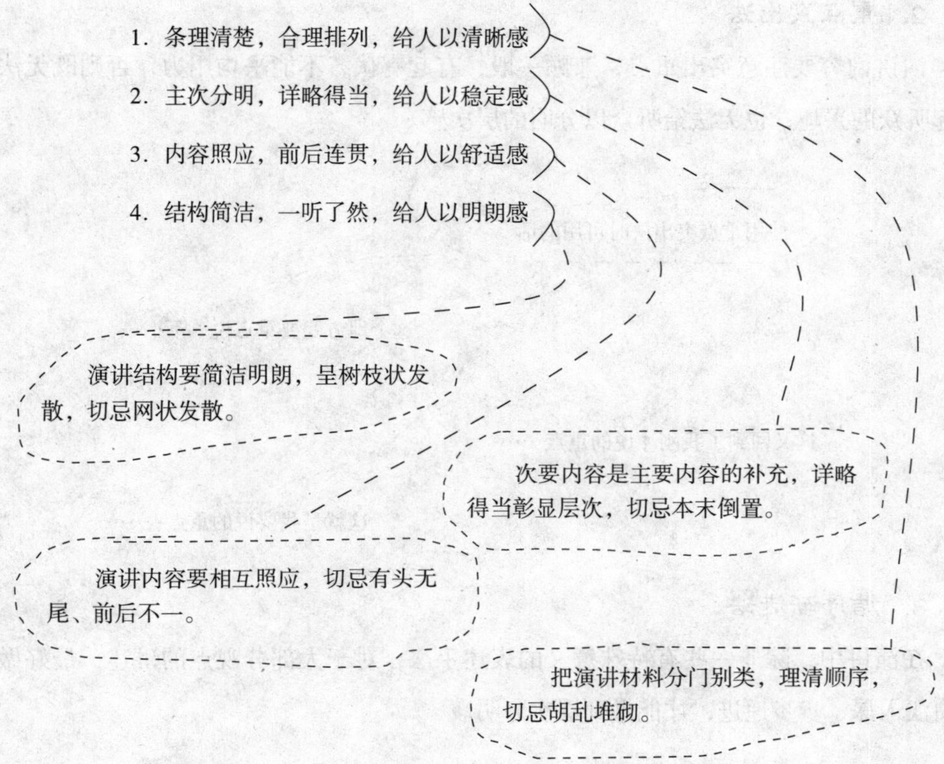

如何做到演讲内容层次分明

1. 整体把控法

使用整体把控法的前提是需要演讲者对演讲内容以及支撑演讲内容的材料熟记于心，然后根据演讲内容的顺序统筹以下四点：

（1）哪些材料先说，哪些材料后说。

（2）哪些材料重点说，哪些材料次要说。

（3）哪些地方需要颠倒顺序，哪些地方需要平铺直叙。

（4）哪些地方需要设计互动环节，哪些地方不必采用互动环节。

2. 重点突出法

演讲内容要注意突出重点，兼顾一般，有起有伏，不能平均用力，否则既无法激起听众的兴趣，也无法给听众以分明的层次感。

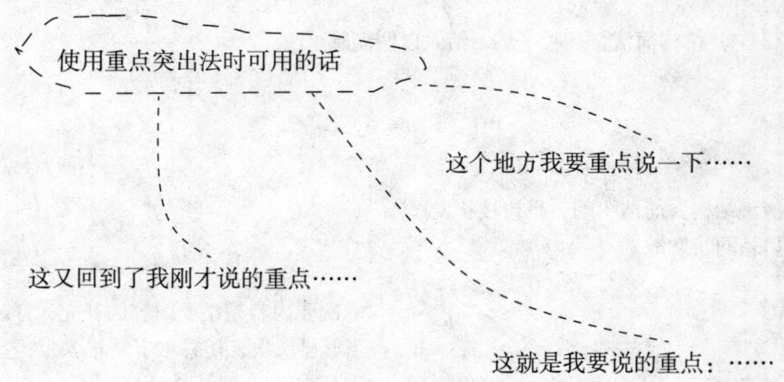

3. 循序渐进法

在演讲中，除非一些有特殊意义的表述手法，对于大部分观点的讲述，最好做到由浅入深、步步递进，才能做到层次分明。

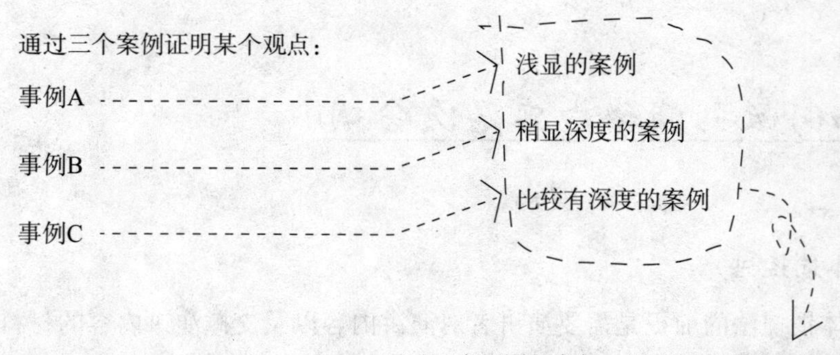

4. 使用过渡法

过渡是演讲层次的黏合剂，凡思路转折、观点变化、总分起止等处，都要安排过渡。

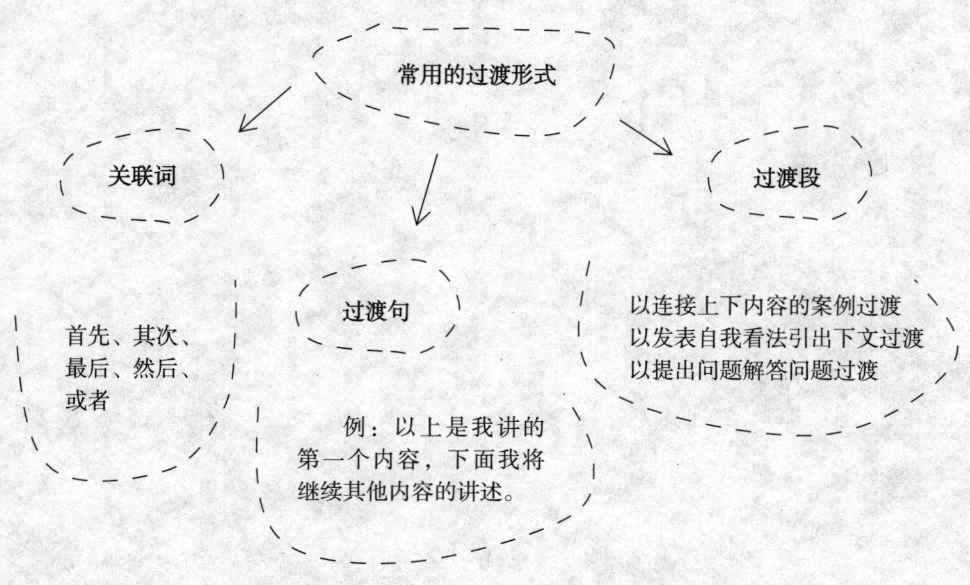

5. 分条表述法

把大片的演讲内容分门别类，最后以分条的形式表述出来。

把条数过多的演讲内容概括总结，控制在3~5条之间，不宜过多。

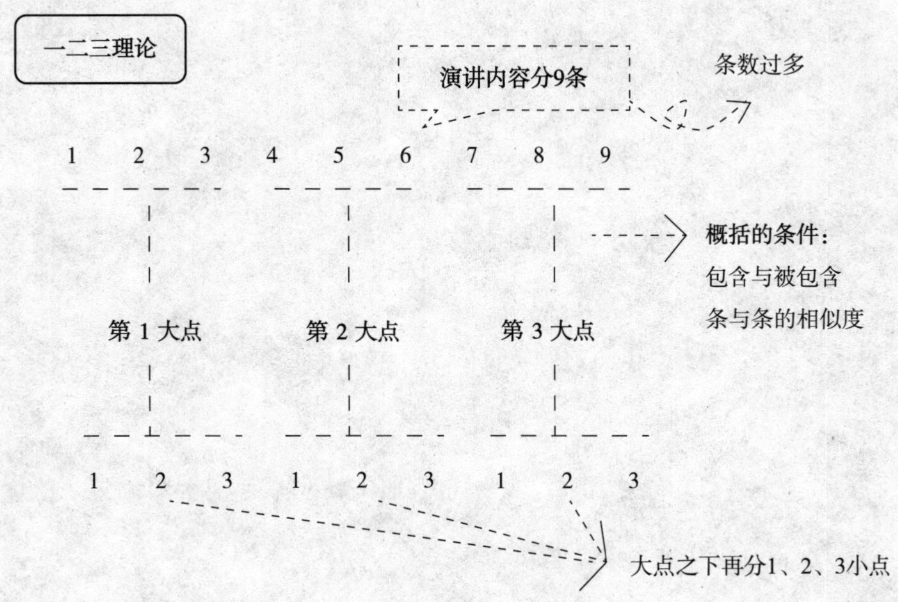

第 3 章

5 种演讲技巧运用

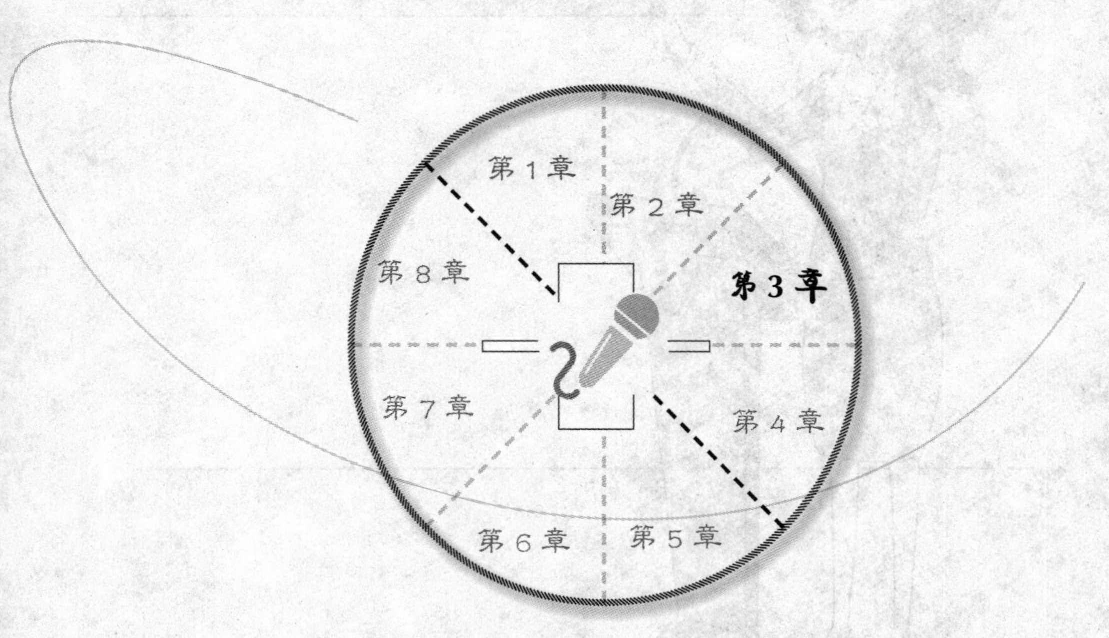

声音富有魅力

言行举止得体

善动之以真情

会晓之以道理

有效吸引注意

3.1 声音富有魅力

——有魅力的声音可以瞬间感化听众。

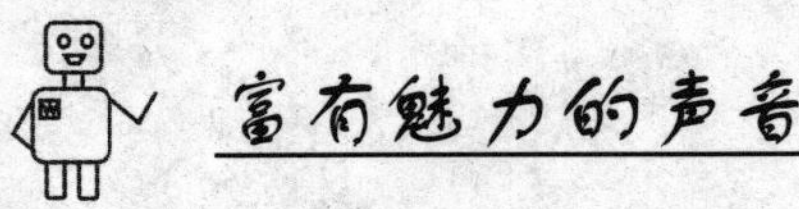

富有魅力的声音

富有魅力的声音可以为演讲锦上添花。演讲者在做演讲的时候，要注意对自己的声音加以掌控，使声音具备较好的音质和音色。

在演讲中，有一些声音特征被人们认为是声音富有魅力的体现，演讲者可以适当地使用这一类声音。

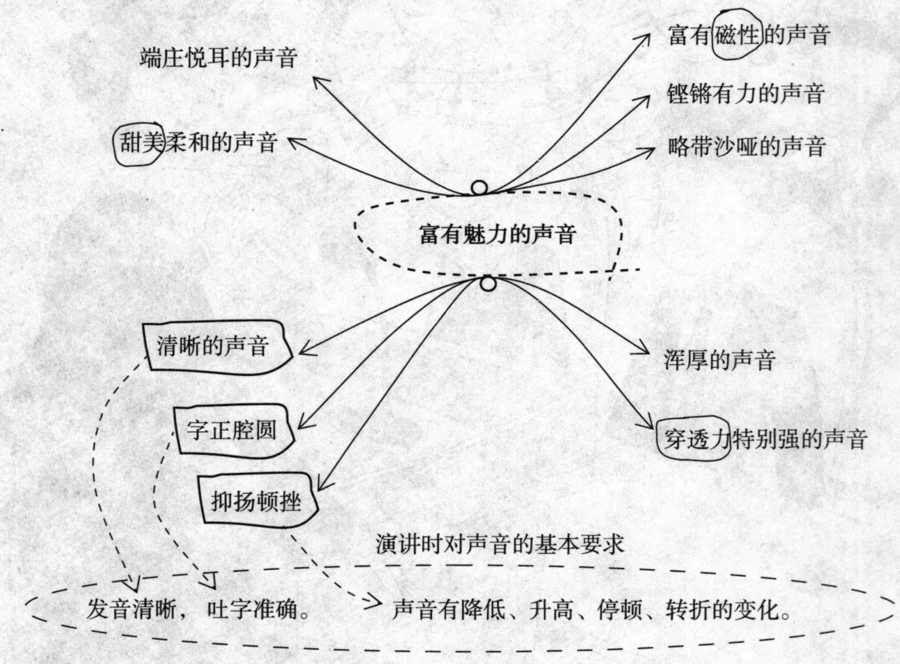

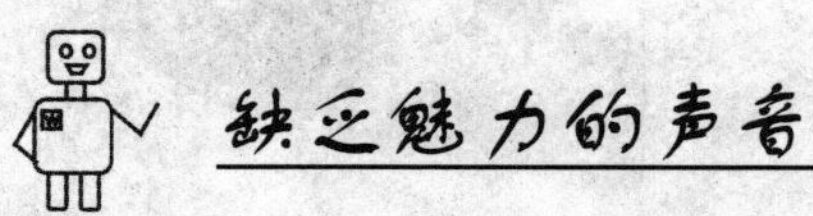

缺乏魅力的声音

与富有魅力的声音相比，有些声音在演讲中是不受听众欢迎的，它们会让听众感觉到不舒服甚至厌烦。因此，在演讲中，要特别注意避免出现这些“不受听众欢迎”的声音，以免使演讲效果大打折扣。

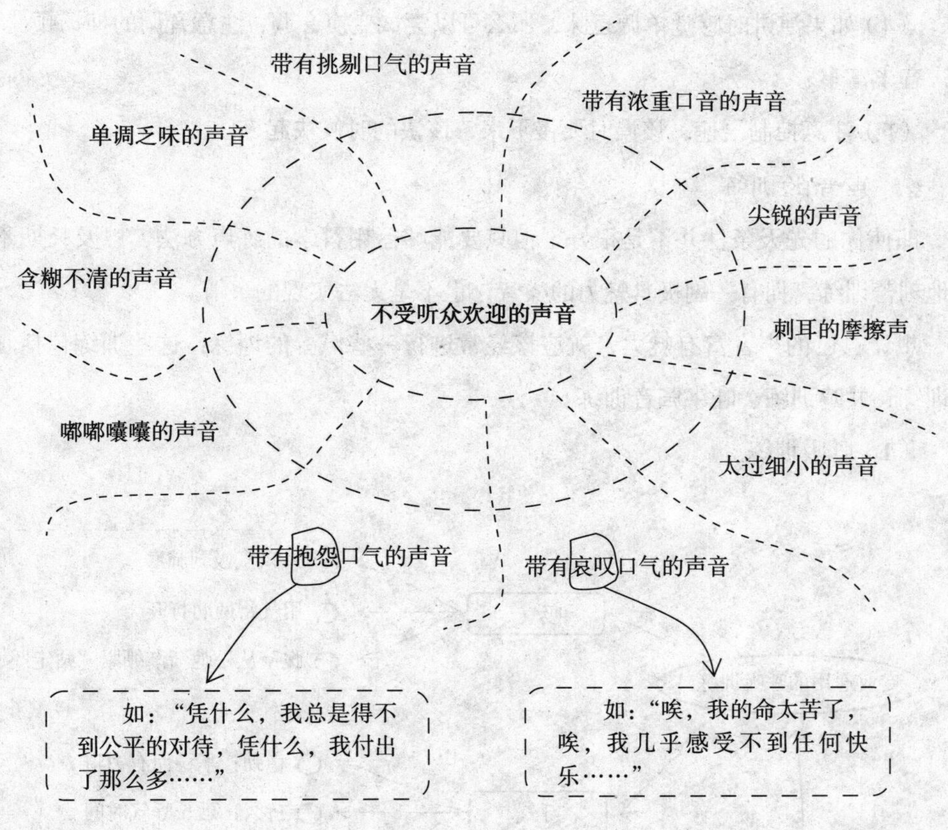

如何让自己的声音富有魅力

1. 演讲时应注意的声音问题及解决技巧

在演讲中，演讲者可能会因各种各样的原因而出现声音的问题，这些问题会对整个演讲产生影响。因此，演讲者在演讲时，应该注意可能会出现的声音问题，并采取措施进行预防和更正。演讲时应该注意的声音问题与解决技巧如下：

（1）如果演讲时鼻音很重，可以多尝试用喉音说话。

（2）如果说话语速过快，可以在演讲时偶尔停顿一下。

（3）如果说话总是含混不清，可以在说话时把嘴巴张大一些。

（4）如果演讲时感觉单调乏味，那么可以尝试变换音调，注意音调的抑扬顿挫，使声音丰富多彩。

（5）注意控制语速，该慢时要慢下来，该快的时候快起来。

2. 声音的训练

即使你的先天条件并不是很好，但只要能够运用科学的练声方法，以及长期不懈地刻苦训练，拥有一副极具魅力的嗓音，也不是无法实现的事情。

想让自己的声音富有魅力，就应该经常进行一些声音的训练，这些训练包括呼吸训练、共鸣训练、吐字归音训练。

（1）呼吸训练

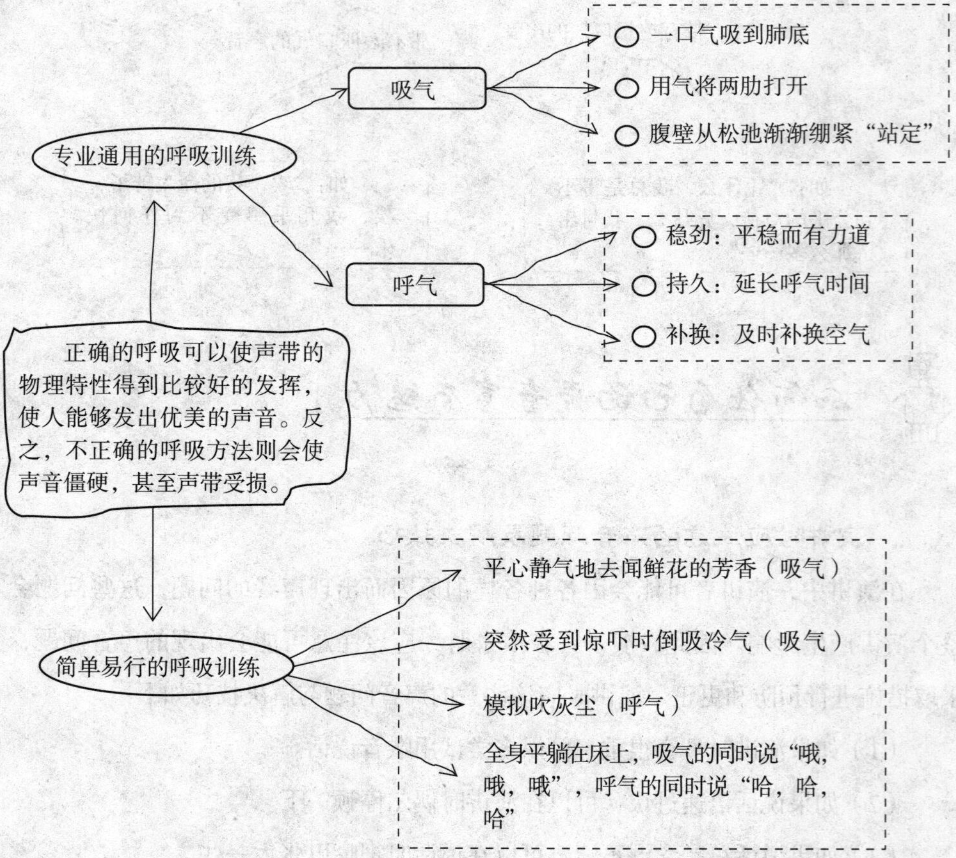

专业通用的呼吸训练

吸气
- 一口气吸到肺底
- 用气将两肋打开
- 腹壁从松弛渐渐绷紧“站定”

呼气
- 稳劲：平稳而有力道
- 持久：延长呼气时间
- 补换：及时补换空气

正确的呼吸可以使声带的物理特性得到比较好的发挥，使人能够发出优美的声音。反之，不正确的呼吸方法则会使声音僵硬，甚至声带受损。

简单易行的呼吸训练
- 平心静气地去闻鲜花的芳香（吸气）
- 突然受到惊吓时倒吸冷气（吸气）
- 模拟吹灰尘（呼气）
- 全身平躺在床上，吸气的同时说“哦，哦，哦”，呼气的同时说“哈，哈，哈”

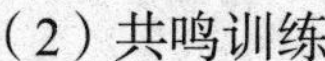

（2）共鸣训练

共鸣器官可以对声音进行加工、润色、美化，使声音听起来更有魅力。在共鸣训练时，要注意练习如何张开嘴巴说话，避免发声不动嘴巴或咬着牙齿说话的情况出现。

A．口腔共鸣训练

训练方法：收紧双唇，使其贴近上下齿，发P音时采用双唇用喷法（喷音），发T音时采用舌尖用弹法（弹音），要有意识地集中一个点发音，就像有子弹从口腔中射出，击中某个目标。

发音练习：Pa——ta——ta，Ta——ta——ka。

B．胸腔共鸣训练

用手轻按胸口，用“a”做练习音，发“a”和“ha”音，从高到低、从实到虚发长音，然后读“海洋”“遥远”等词语。

C．鼻腔共鸣训练

训练方法：将声音的焦点定位在鼻腔上，使声波在鼻骨上产生振动，发鼻音时，软腭下垂，打开鼻腔通路。

发音练习：Ma——mi——mu，Na——ni——nu。

（3）吐字归音训练

吐字归音训练主要是为了做到吐字发音时准确、清晰，说话时字正腔圆，使别人能够听得懂、听得清自己在说什么。

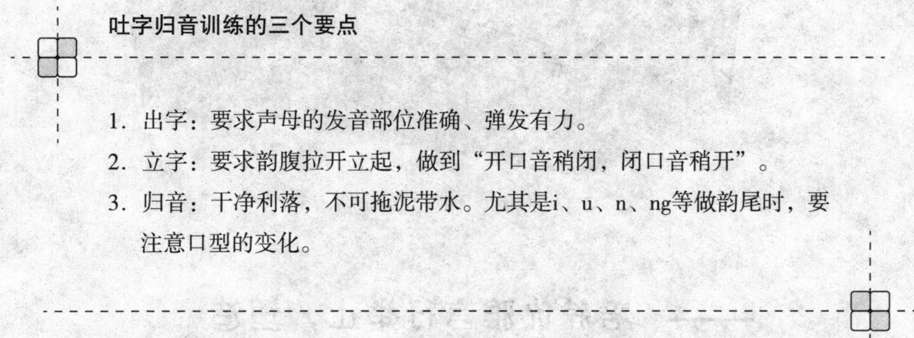

吐字归音训练的三个要点

1. 出字：要求声母的发音部位准确、弹发有力。
2. 立字：要求韵腹拉开立起，做到“开口音稍闭，闭口音稍开”。
3. 归音：干净利落，不可拖泥带水。尤其是i、u、n、ng等做韵尾时，要注意口型的变化。

3.2 言行举止得体

——培养优雅言行举止，塑造个人形象魅力。

演讲虽然是一门语言的艺术，但它对演讲者的体态、表情、手势等也有一定的要求，演讲中"讲"是一部分，另一部分侧重于"演"的过程。得体的言行举止既是演讲者自身气质的表现，也是对听众的一种尊重。

在演讲中，听众对演讲者的印象一般基于三个方面的要素，即见其人、闻其声、听其言。

影响听众对演讲者印象的三要素

要素	表现	特性	印象来源所占比例
见其人	演讲者的形体语言	视觉的	55%
闻其声	演讲者说话的方式	声音的	38%
听其言	演讲者的演讲内容	语言的	7%

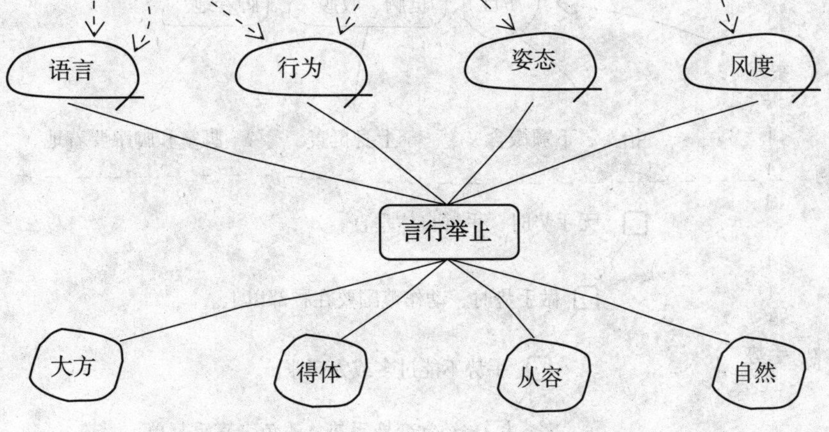

从以上图表中可以看出，视觉的印象所占比例最大。因此，演讲者应该多在视觉形象上下功夫。演讲者具体可以通过良好的形象设计和适当的肢体语言来体现自己得体的言行举止，从而给听众留下更好的印象，增强演讲的效果。

演讲中得体的言行举止

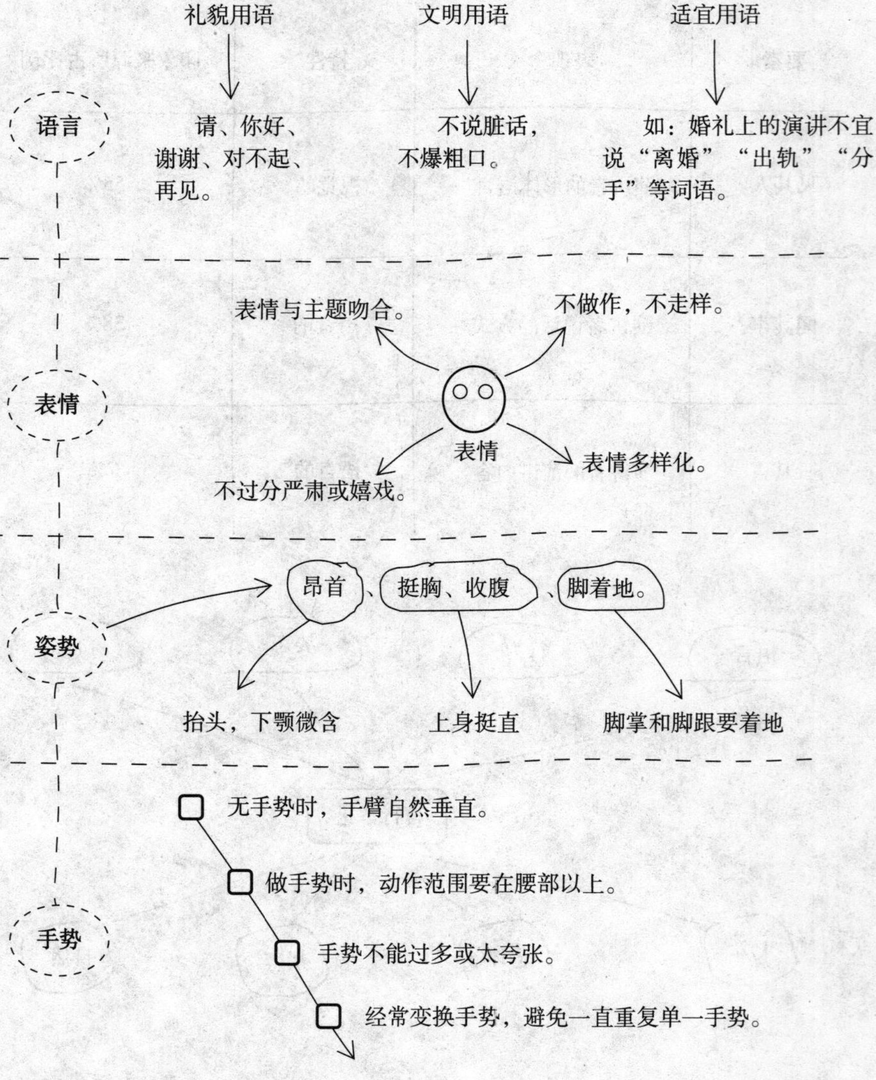

语言

- 礼貌用语：请、你好、谢谢、对不起、再见。
- 文明用语：不说脏话，不爆粗口。
- 适宜用语：如：婚礼上的演讲不宜说“离婚”“出轨”“分手”等词语。

表情

- 表情与主题吻合。
- 不做作，不走样。
- 不过分严肃或嬉戏。
- 表情多样化。

姿势

昂首、挺胸、收腹、脚着地。

- 昂首：抬头，下颚微含
- 挺胸、收腹：上身挺直
- 脚着地：脚掌和脚跟要着地

手势

- 无手势时，手臂自然垂直。
- 做手势时，动作范围要在腰部以上。
- 手势不能过多或太夸张。
- 经常变换手势，避免一直重复单一手势。

演讲中不得体的言行举止

演讲者应对演讲中的不得体行为有所了解，并在演讲中尽量避免那些不得体的言行举止出现。时刻注意体态风度，讲究礼仪，给听众以良好、完美的印象。

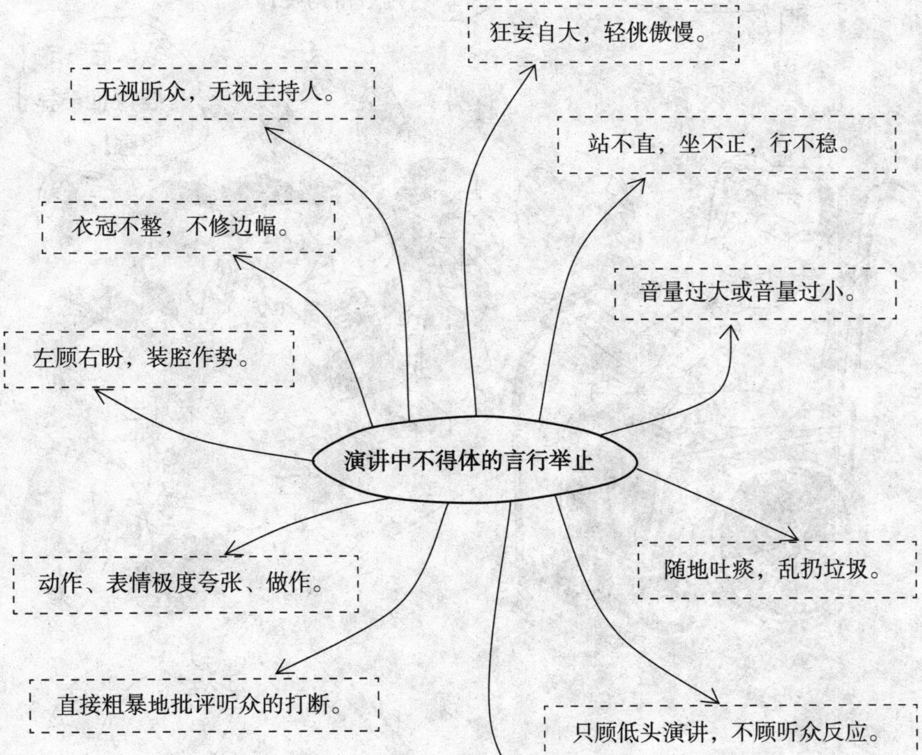

演讲中不得体的言行举止

- 狂妄自大，轻佻傲慢。
- 无视听众，无视主持人。
- 站不直，坐不正，行不稳。
- 衣冠不整，不修边幅。
- 音量过大或音量过小。
- 左顾右盼，装腔作势。
- 动作、表情极度夸张、做作。
- 随地吐痰，乱扔垃圾。
- 直接粗暴地批评听众的打断。
- 只顾低头演讲，不顾听众反应。
- 对听众的提问予以粗暴地回答。

★ 演讲中除了要有得体的言行举止之外，还应该避免不得体的言行举止。

演讲者需要全面了解和掌握演讲的体态举止、风度气质和礼节礼仪，注意自己的一举一动、一言一行，要给听众一种彬彬有礼、谦虚谨慎、风度翩翩的印象，这样才不会因为缺乏风度或不得体的言行举止而影响演讲的整体效果。

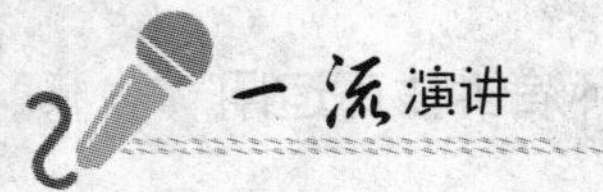

3.3 善动之以真情

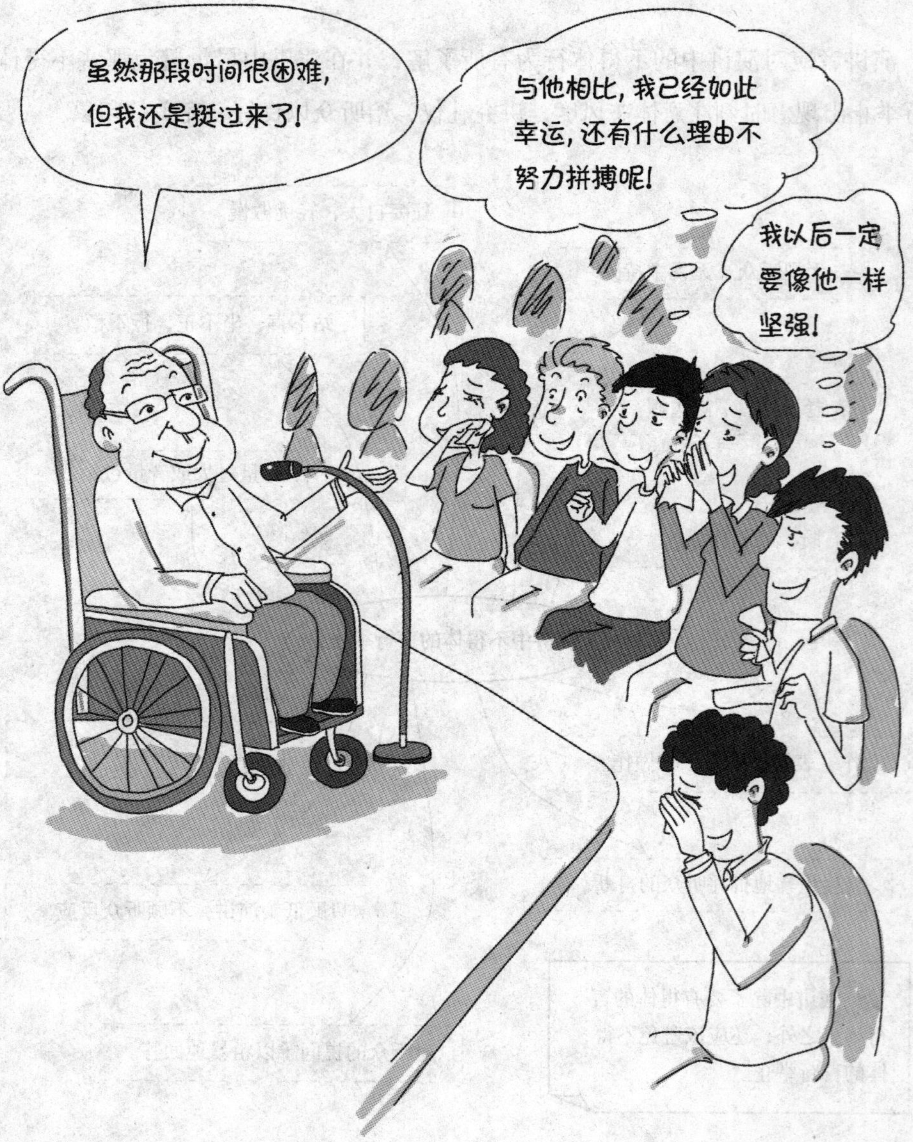

虽然那段时间很困难，
但我还是挺过来了！

与他相比，我已经如此
幸运，还有什么理由不
努力拼搏呢！

我以后一定
要像他一样
坚强！

——只有动真情，才能动人心。
只有动人心，才能激人行。

演讲除了要使听众明之以事、晓之以理以外，还要动之以情，尤其是在叙事演讲、言志演讲和抒情演讲时更要注重情感的传递。

不善于动之以真情的演讲者在演讲中可能会出现以下两种情况。

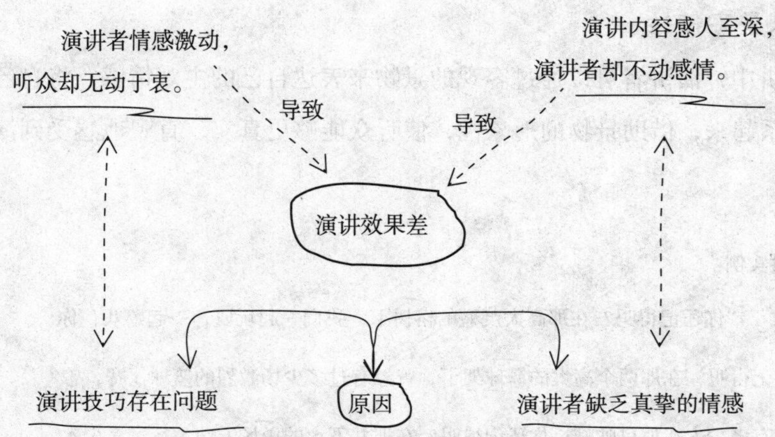

动之以真情常用的三种情感

在演讲中，动之以真情最基本、最常用的三种情感分别是亲情、爱情、友情，演讲者可以通过演讲来表达这三种情感，使听众听之而动情。

1. 亲情

演讲者可以通过表达亲人之间的温暖情感来感动听众，如："亲情，这两个美丽的文字，组成了人间最温暖的词语，温暖着我们的心……"

2. 爱情

演讲者可以通过表达爱人或情侣之间的美好爱情来感动听众，如："爱情，使两个人心灵相通；爱情，使两个人不再孤单……"

3. 友情

演讲者可以通过表达朋友之间的真挚友情来感动听众，如："友情是一杯淡淡的茶，那样坦然，那样澄澈，让人依恋……"

演讲中动之以情的两种方法

1. 以景寄情法

在演讲中，演讲者可以通过客观的景物来表达自己的主观情感，将自己的情感与景物联系起来，借助景物的形象性，使听众能够更真实、直观地感受到演讲者的情感。

演讲实例：

“你还记得吗？在那高大茂盛的榕树下，我们一起玩耍，一起嬉戏；你还记得吗？在那两个高大的篮球架下，曾经有过多少场激烈的篮球比赛，曾经有多少人在那里呐喊；你还记得吗？在那并不大的操场上曾举行过多少次令我们难忘的活动；你还记得吗？那记载着我们成长中每一个脚印的校园。”

听众熟悉的景物 —— 寄托 → 与同学之情，与母校之情。

2. 以事寓情法

演讲者通过对某件事来表达自己的个人情感，使听众能够“感同身受”。

演讲实例：

“有一件事一直深深地埋在我的心里，让我一直无法释怀。记得那是在我30岁的时候，我只身一人流落在一个前不着村、后不着店的荒野外，身无分文……”

感性化的语言和详细的细节描写有助于情感表达。

演讲者所说事例需要包含其所想要表达的个人情感在内，这样才能使事例具有感染力。

3.4　会晓之以道理

——理直，气就壮。

演讲者在演讲中除了可以采用动之以真情的方法之外，还可以使用晓之以理的方法。两种方法结合使用，对听众“动之以情，晓之以理”，使听众感受到演讲者的演讲“合情合理”。

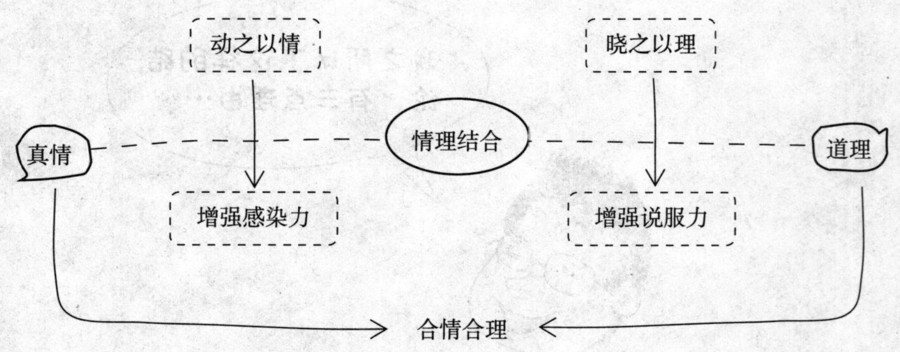

晓之以道理的六种方法

1. 假设析理法

运用假设来对演讲主题进行分析、推理，以证明自己的观点或增加说服力。如：“假设真存在这样一种情况，那么我们就可以……事实上，这样的情况是不存在的……”

2. 比较析理法

通过两种或两种以上事物的比较分析，找出异同点，以此来论证论点。

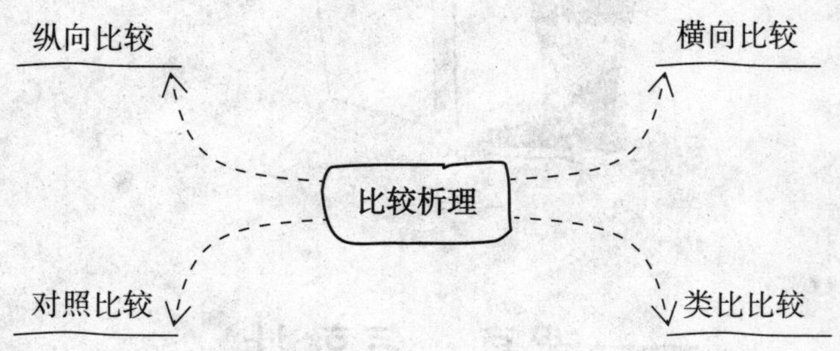

3. 因果析理法

在演讲中，揭示原因以说明必然会得到某种结果，或披露结果以证明其原因的正误。如："之所以会发生这样的事情，完全是因为他们在初始设计的时候没有考虑到外部的因素……"

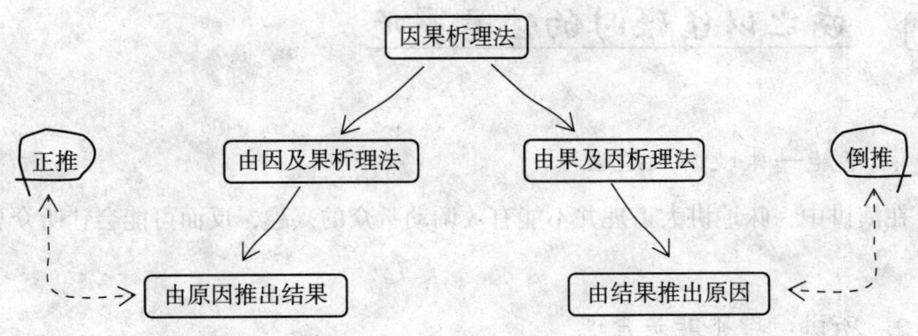

4. 比喻析理法

把深奥、抽象的道理寓于生动、具体、形象的事物之中，变深奥为浅显，化抽象为具体。如："原子结构很像太阳系，中心的原子核是太阳，周围的电子就是恒星……"

5. 意义析理法

透过论据的表象，揭示事物的本质或蕴含的意义，或给予高度评价，或显示危害。

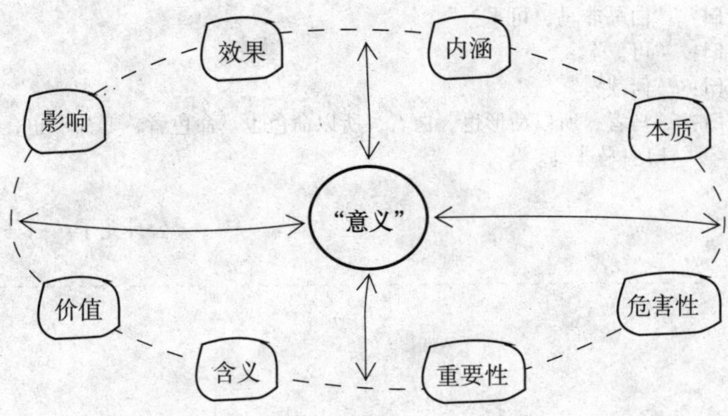

6. 批判析理法

以批判性的思维来进行说理，提出怀疑和论据进行批驳，以表达自己的观点。如："知己知彼，真的能百战不殆吗？现代军事理论表明……"

晓之以道理时的注意事项

1. 不能一味地讲大道理

在演讲中一味地讲大道理并不能有效调动听众的兴趣，反而可能会让听众昏昏欲睡。

2. 所讲道理不能是歪理

歪理是一种被歪曲的、不正确的"道理"，在演讲中不应使用，如："谁的拳头大，谁就有话语权……"

3. 不宜用诡辩来讲道理

如："白马是白马，马是马，故白马非马。"这是一种诡辩，而非道理。众所周知，白马也是马。

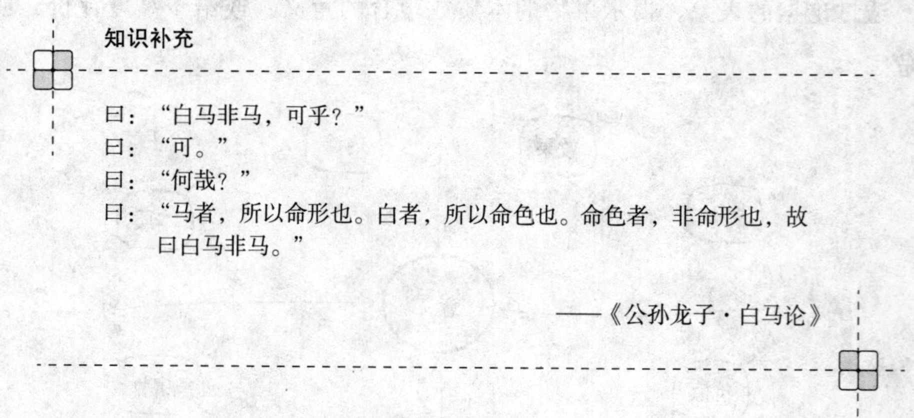

知识补充

曰："白马非马，可乎？"
曰："可。"
曰："何哉？"
曰："马者，所以命形也。白者，所以命色也。命色者，非命形也，故曰白马非马。"

——《公孙龙子·白马论》

3.5　有效吸引注意

——吸引听众注意有妙招。

一个成功的演讲者应该懂得如何去吸引听众的注意力，使听众保持对演讲的持续关注。演讲者在演讲的过程中，可以使用眼神、声音、语言、动作等多种方法有效吸引听众的注意，使听众不易出现分神的情况。

有效吸引听众注意的方法

1. 悬念法

悬念应该紧扣演讲的主题，同时悬念要鲜为听众所知，这样才能有效激发听众的兴趣，引起听众的好奇心，使听众保持高度的注意力。但在设置悬念的同时不能故弄玄虚，否则只会适得其反。

2. 停顿法

停顿可以使听众感到新奇，从而把注意力集中到演讲者身上，同时，停顿也能给听众一定的思考时间。停顿时应在一层意思的末尾处进行，不宜在一层意思的中间处停顿，以免分散听众注意力或造成曲解。

举例：

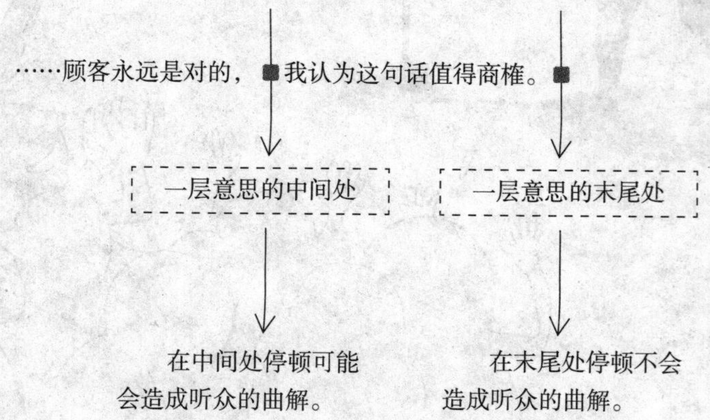

3. 互动法

在演讲过程中，可以让听众参与到演讲中来，与听众互动，如让听众做一些体验活动或问答游戏等，可以有效地吸引听众的注意力。

4. 故事法

可以在演讲开头或中间讲一个故事，这能够有效地吸引听众的注意力，引起听众的兴趣。如：“在春秋战国时期，有一位纵横家……”

5. 提问法

可以提出一些只需听众在心里做出回答而无须实际说出答案的问题，以促使听众进行积极的思考，同时能吸引听众关注演讲者将如何解答这些问题，增加听众的参与热情。

提出问题的流程

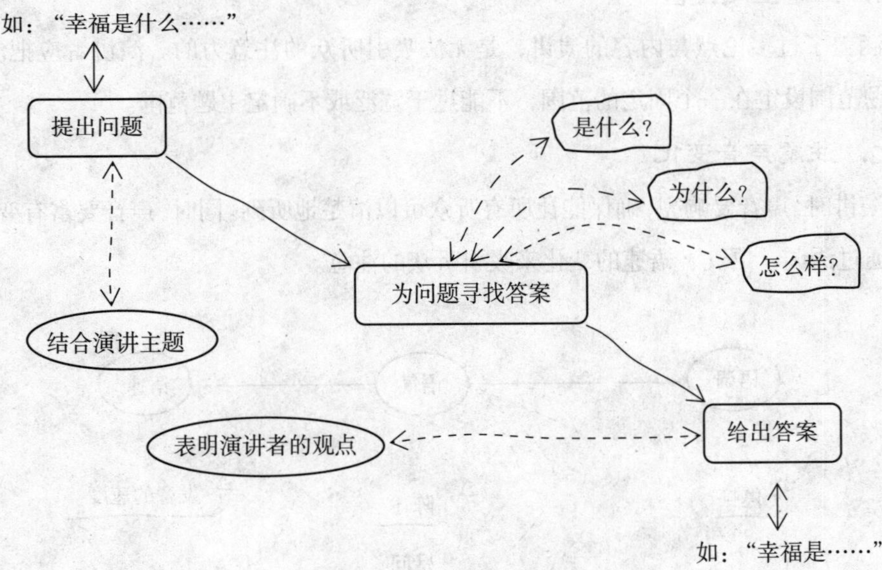

6. 新奇法

在演讲中，避免使用容易引起听众反感的陈词滥调，善于推陈出新，敢于破旧立新，使用与众不同的观点、内容和独特的表达方式来吸引听众的注意。如：“蛇能飞吗？能。在非洲，有一种蛇……”

7. 道具法

借助道具能够有效吸引“视觉型”听众的注意，如一些实物道具、PPT投影、某个视频或模型等。道具的使用，既有利于吸引听众注意，也能为演讲提供相关辅助。

8. 实例法

演讲者应避免在演讲中夸夸其谈，而应多使用具体的事例，让一个论点清楚、有趣，更具说服力。这些事例可以是演讲者自己的亲身经历，也可以是发生在听众身边的事实，如情感的突变、商场的失意、一件开心的事等。

吸引听众注意时的注意事项

1. 注意主题范围

涵盖了过多论点与内容的演讲，是无法吸引听众的注意力的。演讲者应把演讲的主题范围设定在一个固定的范围，不能过于宽泛或不确定主题范围。

2. 注意声音变化

演讲时，声音要响亮，确保能让所有听众可以清楚地听到。同时，声音要富有变化，可以通过语调、语气、语速的变化来吸引听众的注意。

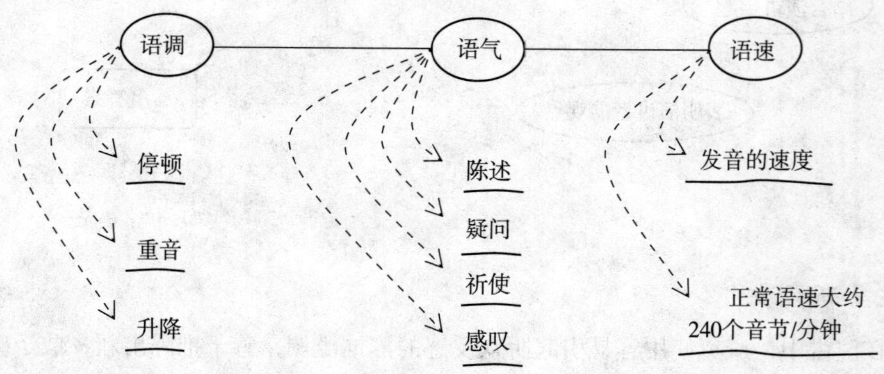

3. 注意目光交流

在演讲过程中，演讲者的目光可以在全场不断扫视，保持与听众的目光接触，使听众感受到与演讲者的交流感。

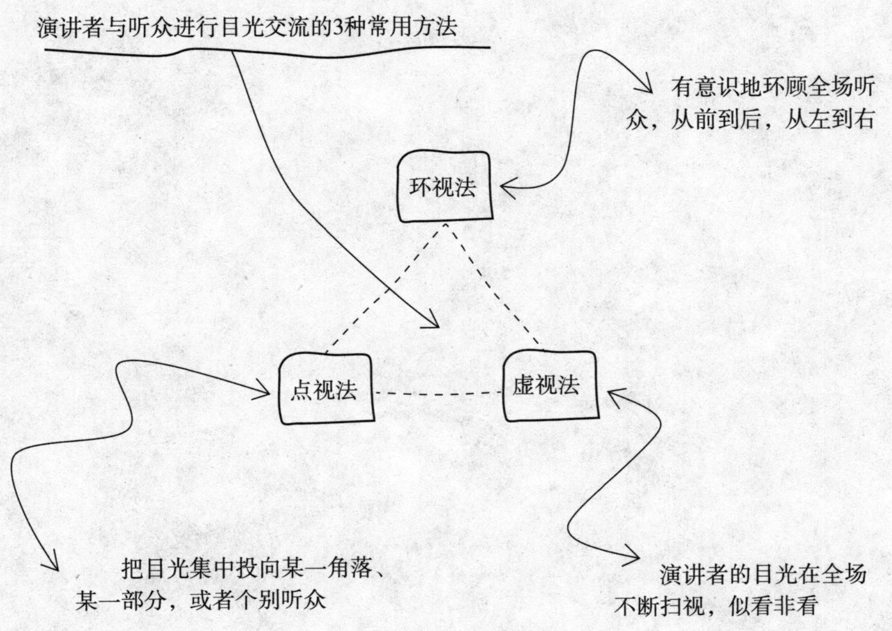

4. 注意面部表情

演讲者可以在以下情况下运用微笑的魅力来吸引听众的注意：

（1）上台时微笑：以示亲近。

（2）演讲时微笑：以示肯定、欣赏、理解。

（3）提问时微笑：以示赞同、鼓励。

（4）喧哗时微笑：以示含蓄的批评。

5. 注意语言风格

演讲者幽默风趣的语言往往能吸引听众的注意。演讲者要善于展示自己幽默的谈吐、风趣的表述，使听众在妙趣横生中领悟深奥的道理。如："我知道我和苗条沾不上边，但你们可以说我可爱什么的……"

第 4 章

5 种演讲辅助工具

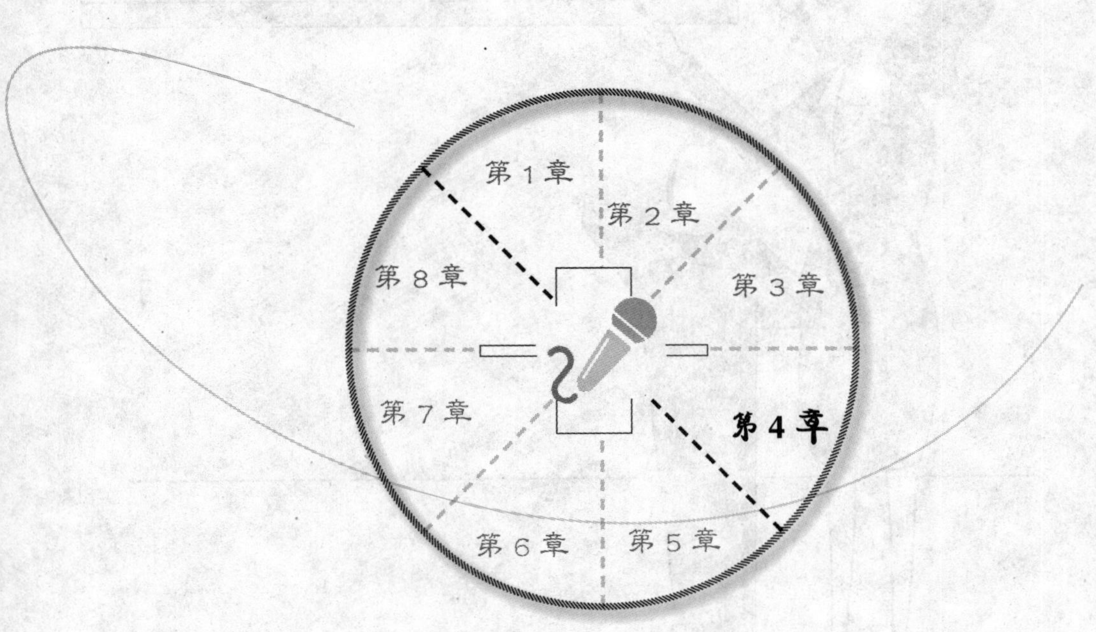

文字资料

白板

投影仪

PPT

影像资料

4.1　文字资料

——一份准备充分的文字材料，可以辅佐一场精彩绝伦的演讲。

权衡利弊后，再决定是否选用文字资料

在演讲中，经常见到一些文字资料，如讲义、小册子、数据表等，一般都是做成纸质的材料分发给听众的。但文字资料并不适用于所有演讲场合，应根据听众的多少和演讲的需要权衡文字资料的利弊后，再做出选择。

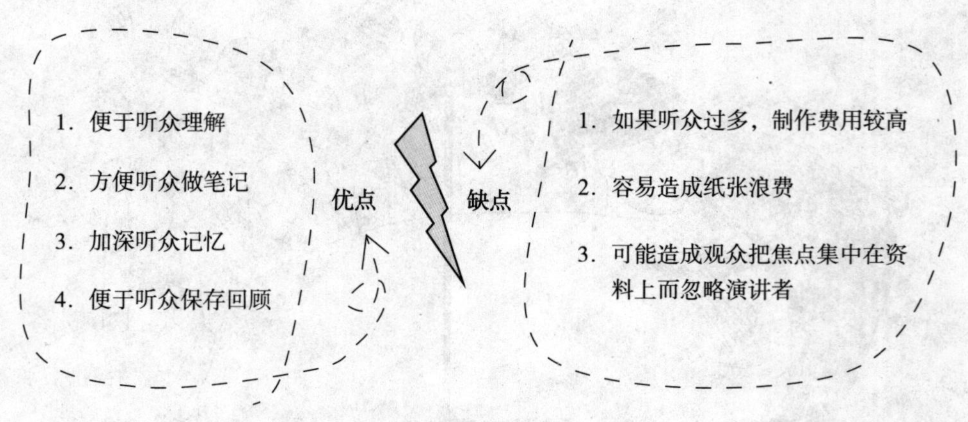

如何恰当使用文字资料

制作文字资料消耗时间精力，也消耗费用，如果在权衡文字资料的利弊后，决定使用文字资料，就一定要把文字资料使用得恰到好处。

1. 应提前告知听众

在演讲一开始就要告诉听众哪些参考资料会在稍后分发，防止发生以下情况：

（1）听众为追赶演讲者的进度，笔记写得十分潦草；

（2）避免某些听众因赶不上进度，产生焦躁情绪；

（3）避免听众在做完笔记后发现文字资料里有较多重复内容，产生愤怒情绪。

2. 把握好分发文字资料的时间点

分发文字资料的时间不同，产生的作用也是不一样的。

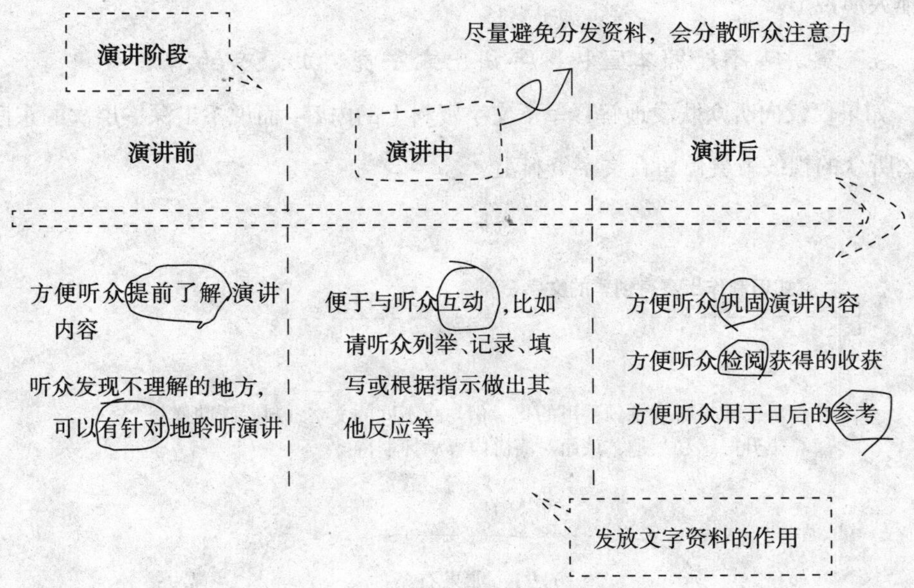

3. 在提到某个要点时，要从文字资料中找到，并展示给听众看

在演讲时，如果提到某个要点，正好在文字资料中有，一定要把页码报给听众，最好再让听众抬起来头来核对一下，这样可以确保听众的思维紧跟着演讲者的进度走。

使用文字资料的注意事项

在使用文字资料时，不能让文字资料“抢”了听众的视线，应始终做到把听众的视线聚焦点集中到演讲者的身上。

1. 演讲者不要鼓励听众与自己一起阅读资料

因为听众看的速度比念的速度要快，所以一起阅读容易造成时间浪费。同时，一起低头看资料还会使得演讲者与听众失去眼神交流。

2. 分发给听众的文字资料是辅助，而不是全部的演讲内容

如果听众已经把演讲内容了然于心，自己看看就可以了，何必再把时间浪费在听他人演说上。

3. 演讲者不能照本宣科，要讲出文字资料上没有的信息

如果仅仅向听众肤浅地解释一下文字资料上的内容，而说不出深一层次的东西，那么听众的视线就会停留在文字资料上。

如何制作出富有创意的文字资料

如果听众拿到手里的是一份与众不同的文字资料，瞬间便会提升好感和兴趣，从而对演讲内容满怀期待。

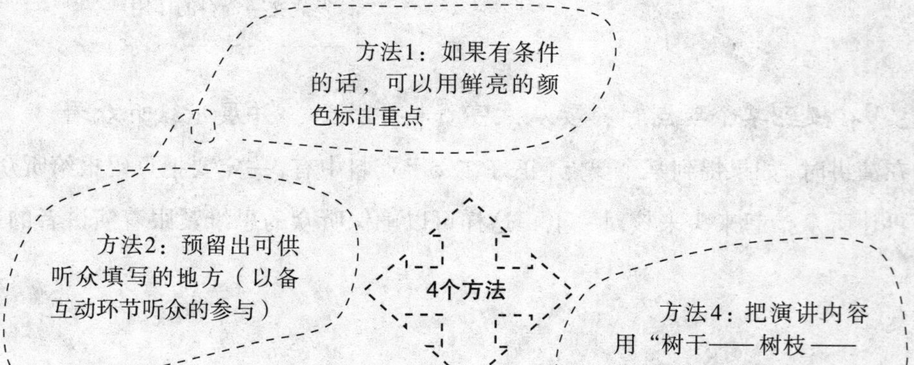

4个方法

方法1：如果有条件的话，可以用鲜亮的颜色标出重点

方法2：预留出可供听众填写的地方（以备互动环节听众的参与）

方法4：把演讲内容用“树干——树枝——分支”的形式展示

方法3：把演讲内容用时间轴的方式展示

4.2　白板

——白板虽小，作用巨大。

权衡利弊后，再决定是否选用白板

白板是一些小型的演讲场合经常采用的一种辅助工具，它具有以下优缺点：

优点

1. 方便在演讲空间内移动
2. 可以灵活地展示信息
3. 容易修改，随时可以更正
4. 容易在多个演讲内容之间更新
5. 方便保留信息

缺点

1. 听众规模较大时很难看清楚
2. 字体不好控制
3. 无法展示较为复杂的图片
4. 空间有限

白板上可以写什么

白板不同于其他辅助资料，空间无法无限放大，如果写满只能擦掉，但是它也具备其他辅助资料所不具备的优势，即不仅可以随时更改信息，而且可以梳理演讲者的思路。演讲者在演讲过程中可以写下面这些内容：

1. 演讲脉络

演讲脉络不仅包括演讲的内容，也包括每个内容之间的直接和间接的联系。写在白板上的演讲脉络要做到直观系统，但不必面面俱到，事无巨细，否则，白板就变成了“黑板”。

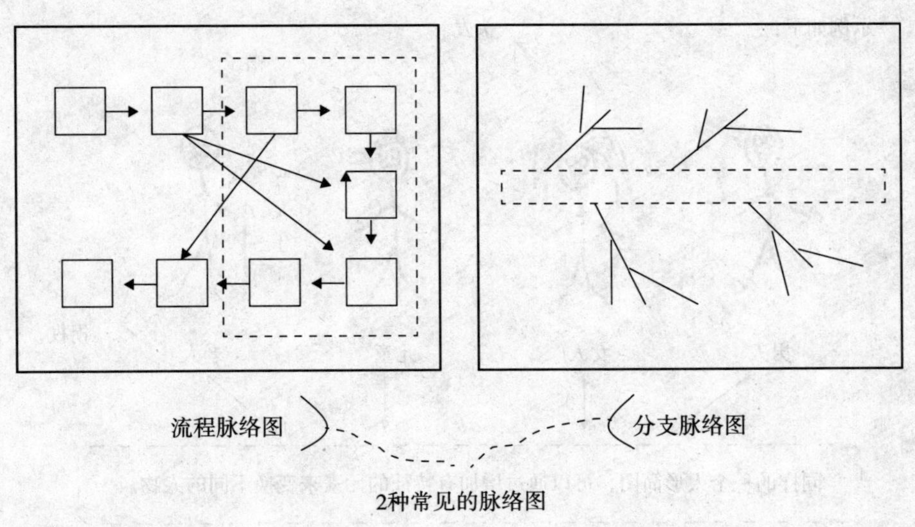

2种常见的脉络图

2. 重点词语

注意是词语，不是句子。使用白板演讲尽量避免写句子，要提炼句子中的重要成分或凝练简洁的观点书写到白板上。

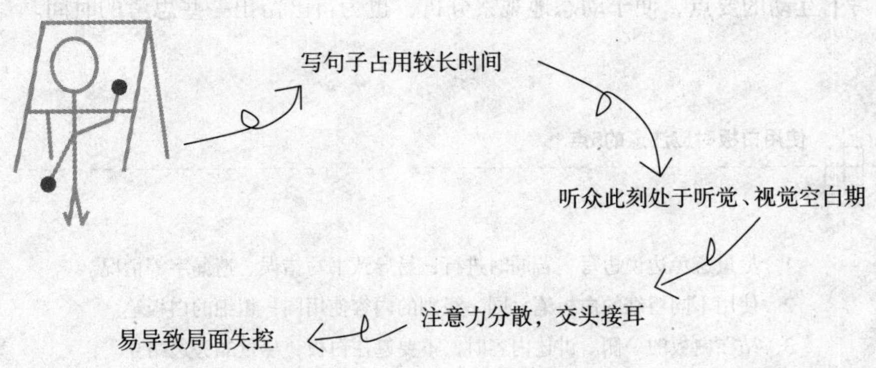

3. 图形图画

在白板上画图形图画，必须把时间控制在最短，因为在演讲中需要的是概念性的和标志性的内容，所以要尽量使用线条简单、变化简单、可重复利用的图形图画。

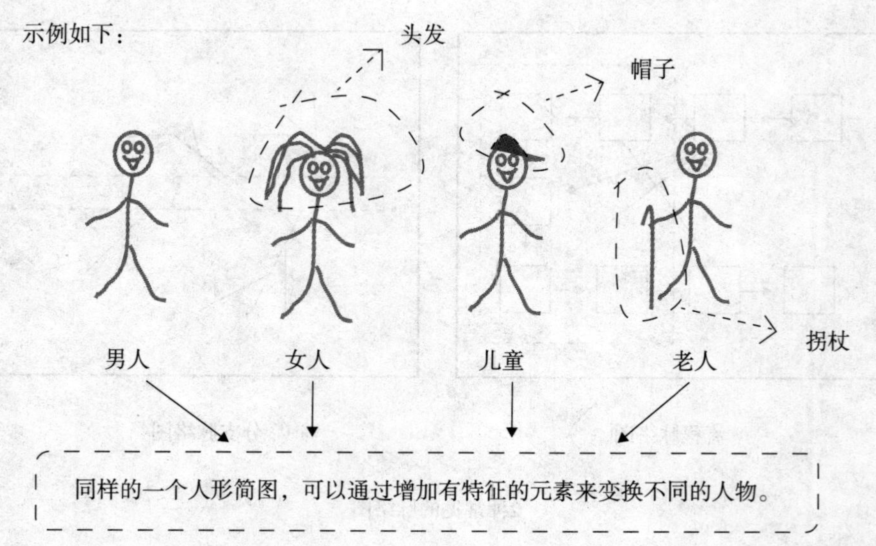

同样的一个人形简图，可以通过增加有特征的元素来变换不同的人物。

4. 互动要点

白板不同于其他辅助工具的好处就在于可以随时更新、更改信息。很多演讲都存在互动环节，互动的结果都是随机的，无法确切预知互动的结果，这就需要在白板上写下互动的要点，便于动态地观察分析，也为自己留出一些思考的时间。

使用白板时应注意的5点

1. 尽量避免边说边写，若同时进行，易导致书写错误、遗漏字等情况。
2. 使用不同粗细的白板笔。同一级别的内容使用同一粗细的白板笔。
3. 站在白板的一侧。讲述内容时，不要遮住白板，尽量靠旁边站立。
4. 书写整洁，避免乱画。并不是每一个听众都能看懂书写的字体，所以，一定要注意书写规整、版面干净，可以使用带线条的白板纸。
5. 提前规划白板布局。白板版面有限，最好提前规划布局。

4.3　投影仪

投影仪是演讲不可或缺的工具。

这里要说的投影仪是用于播放演讲资料的、可以把信息投射到挂在墙上的屏幕上的仪器，是大多数演讲者都会采用的辅助工具。

使用投影仪时你应该站在哪儿

使用投影仪时需具备两个材料：一是电脑，二是屏幕。演讲者在使用投影仪时一定要选取好自己所站立的位置，具体可以参考下面内容。

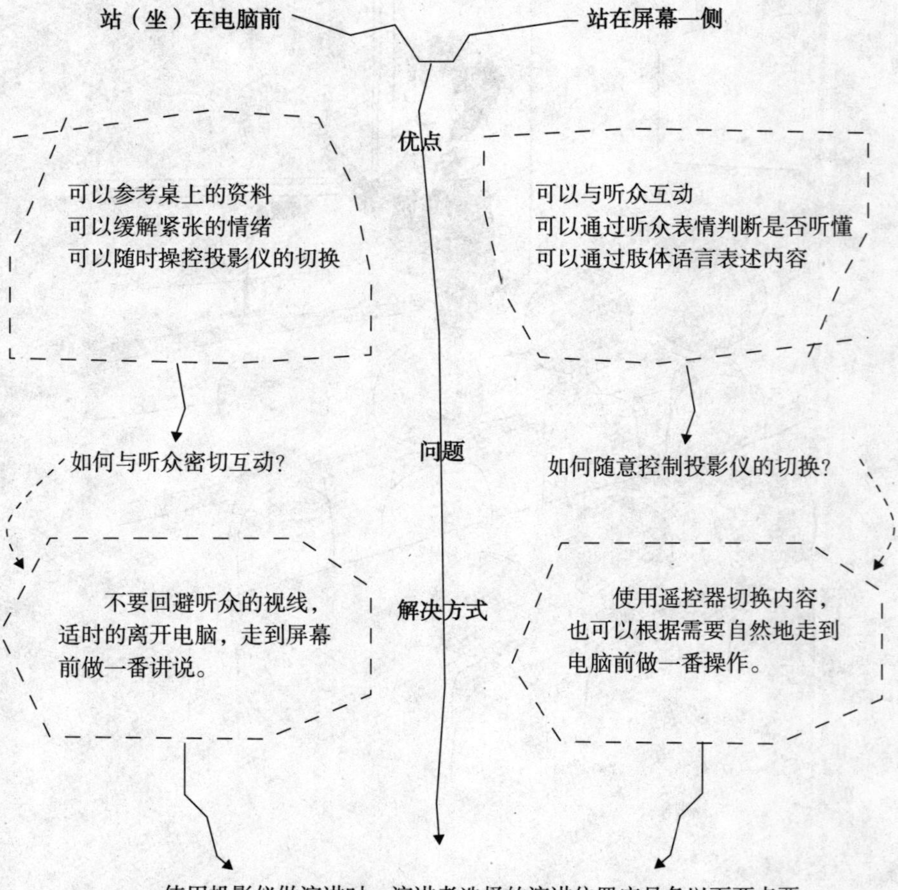

	站（坐）在电脑前	站在屏幕一侧
优点	可以参考桌上的资料 可以缓解紧张的情绪 可以随时操控投影仪的切换	可以与听众互动 可以通过听众表情判断是否听懂 可以通过肢体语言表述内容
问题	如何与听众密切互动？	如何随意控制投影仪的切换？
解决方式	不要回避听众的视线，适时的离开电脑，走到屏幕前做一番讲说。	使用遥控器切换内容，也可以根据需要自然地走到电脑前做一番操作。

使用投影仪做演讲时，演讲者选择的演讲位置应具备以下两点要求：听众可以看到自己和屏幕；演讲者也能看到所有的听众。

使用投影仪时你应该注意什么

投影仪的使用比其他辅助工具更为复杂，且更容易发生故障，所以，在使用的时候要多加注意。

1. 提前观察现场，选定合适的位置

演讲者应提前观察演讲现场，选定两个位置，即电脑安放的位置和演讲者站立的位置。

2. 预留检查安装设备的时间

如果用演讲者自带的电脑，则需要在电脑里安装设备，应预留出足够的时间，检查、安装设备，以备有时间修正。

3. 确保电脑的电源充足

如果演讲者使用自带的电脑，应提前为电脑充好电，确保电量足够维持到演讲结束。

4. 控制好激光指示器

在演讲中可能会用到激光指示器，辅助演讲者进行知识点的指示，但使用时需注意不能让激光射向听众，转换方向时，注意指向上方、下方或屏幕一侧。

5. 做好资料的备份

做好电子资料的备份，以防投影仪故障丢失资料，同时，也要备好一份文字资料，以防投影仪无法使用致使演讲无法继续。

使用投影仪演讲时的实用技巧——分屏显示

使用分屏显示功能使得演讲者的电脑不仅显示正在讲解的内容，还会有备注及下一页内容，而屏幕上只显示正在讲解的内容。分屏显示可以通过简单的电脑操作完成，通过网络可以查到具体操作方法。

4.4 PPT

——PPT之于演讲，下如脚手架之于盖房。

在很多或者可以说绝大多数的演讲中，演讲者会选择 PPT 来辅助演讲。

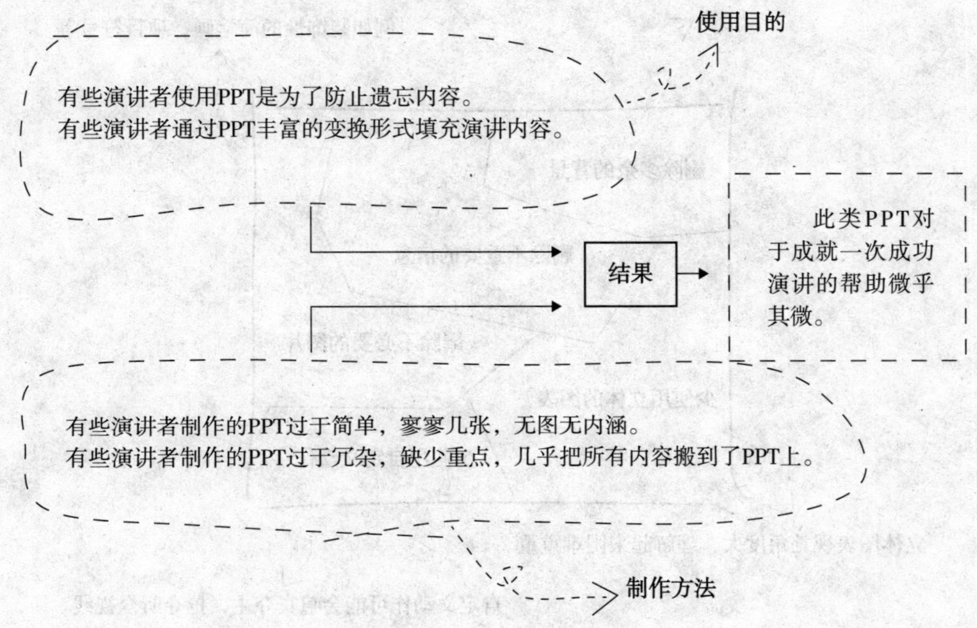

PPT 是演讲中十分重要的辅助工具，但不能把演讲内容当作 PPT。要制作一个适合演讲的 PPT 需要从风格和内容两个方面进行恰当的把控。

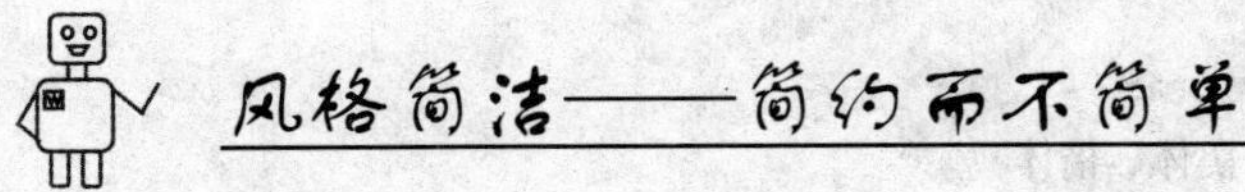

风格简洁——简约而不简单

一个适合演讲用的 PPT 要做到整体风格简洁，一目了然。花哨复杂的风格会让听众的注意力过度集中于 PPT 的装饰、特效等表面内容，而忽视演讲者，甚至忽视演讲的内容。

1. 使用简单的修饰

风格简洁不代表不使用任何装饰性的元素，要有选择、有针对、有取舍地使用，并且尽可能的简单化。

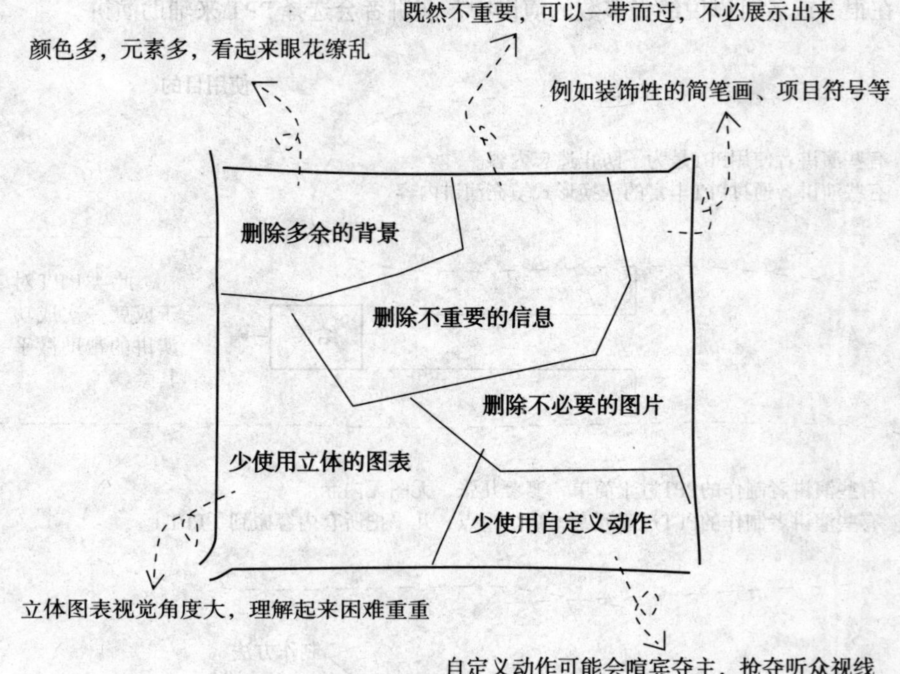

2. 选用合适的字体、字号

PPT 上的字要清晰易读，简洁明朗，使听众一目了然。

（1）字体应选择常见的、简单的字体

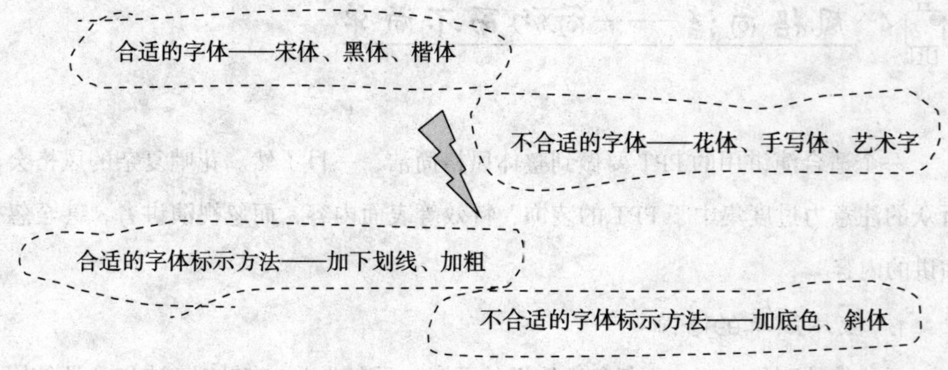

（2）字号尽量大，可参考以下数据，但要随机而变

演讲题目，44 点，粗体。

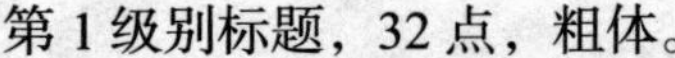

第 1 级别标题，32 点，粗体。

第 2 级别标题，28 点，粗体。

第 3 级别标题，24 点，粗体。

内容充实——丰富而不杂乱

演讲用的 PPT 非常注重内容的充实，但并不是指把所有内容都罗列在 PPT 上，而是要抓重点，会概括，把丰富的内容简单地展示出来。

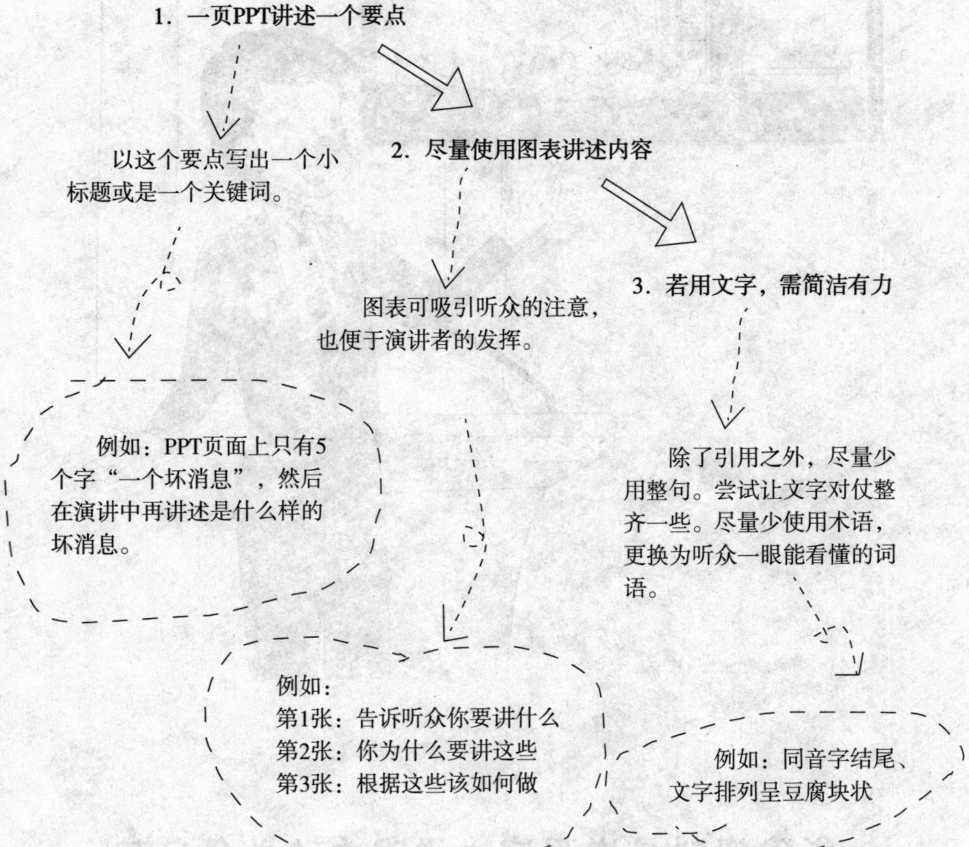

1. 一页PPT讲述一个要点

以这个要点写出一个小标题或是一个关键词。

例如：PPT页面上只有5个字“一个坏消息”，然后在演讲中再讲述是什么样的坏消息。

2. 尽量使用图表讲述内容

图表可吸引听众的注意，也便于演讲者的发挥。

例如：
第1张：告诉听众你要讲什么
第2张：你为什么要讲这些
第3张：根据这些该如何做

3. 若用文字，需简洁有力

除了引用之外，尽量少用整句。尝试让文字对仗整齐一些。尽量少使用术语，更换为听众一眼能看懂的词语。

例如：同音字结尾、文字排列呈豆腐块状

4.5 影像资料

——影像资料是增强演讲说服力的必备良药。

权衡利弊后，再决定是否选用影像资料

在演讲中使用最多的视觉辅助工具除了 PPT 以外，还有影像资料。影像资料不同于 PPT 的文字图片展示，它是通过动态的、直观的画面传达演讲者的思想，主要包括电影、短片、录音等。

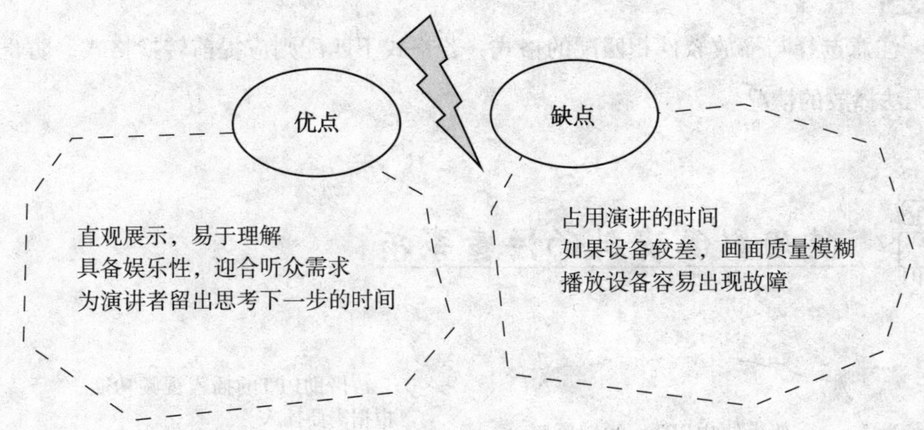

根据影像资料的优缺点可知，影像资料的使用对于硬件设备的要求较高，最好提前了解一下演讲现场再确定是否选用影像资料。

如何选择影像资料？

影像资料可以丰富演讲内容，有效吸引听众的注意力，但因其本身的特点，在选择影像资料时要有所取舍。

1. 要切题

选择的影像资料一定要符合表达的内容，避免使用过于牵强的资料。如果找不到合适的，不如放弃使用影像资料。

2. 抓关键

紧扣演讲重点、难点等关键内容选择影像资料，不能因为找到了一些非重点的影像资料就任意填充到演讲中。

3. 删多余

删多余即删除长度多余和内容多余的地方。演讲时间有限，每一分钟都不能浪费，所以应做好影像资料的剪辑工作。

4. 选格式

注意选择与播放软件相匹配的格式，若格式不匹配则应提前转换格式，防止出现无法播放的情况。

使用影像资料的注意事项

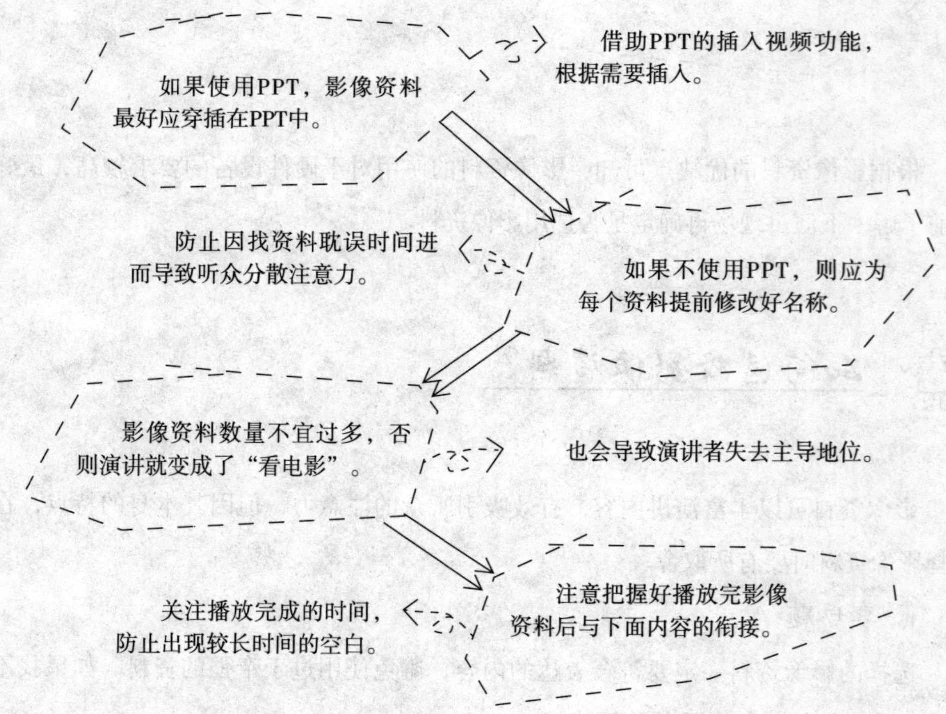

第 5 章

5 步控制演讲气氛

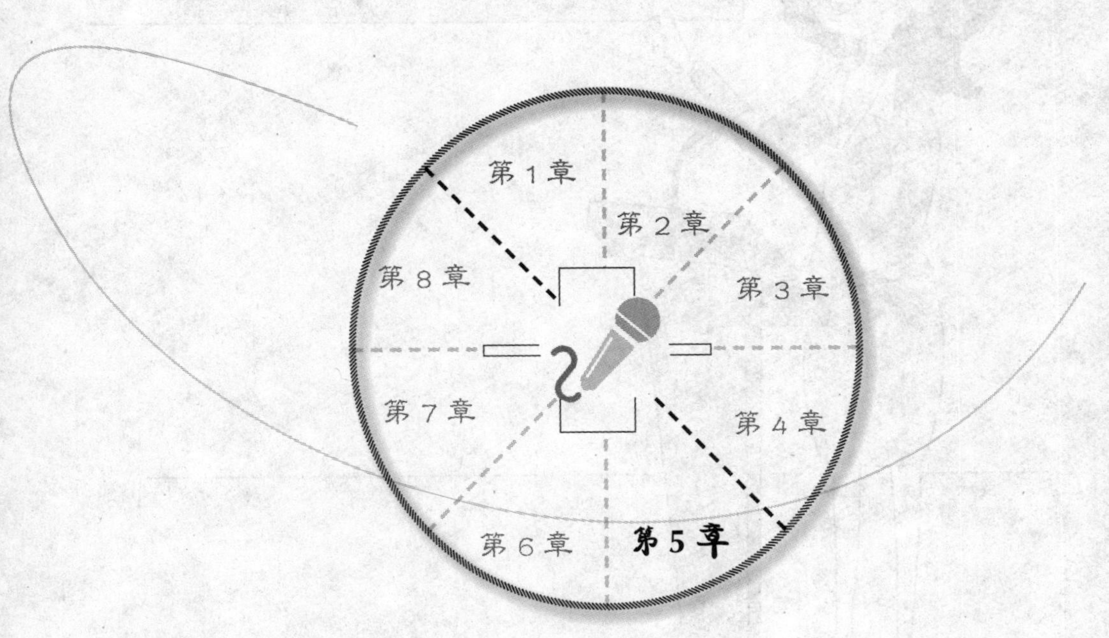

上场时充满自信

演讲中动静结合

演讲时巧用停顿

关键处设置悬念

适时点提出疑问

5.1　上场时充满自信

——自信可以使一个演讲者散发出光辉

演讲者想要控制演讲气氛，需要在上场那一刻起就对自己充满自信。自信的表现一方面表明演讲者对演讲内容准备充分，信心十足；另一方面这份自信会对听众产生一定的震撼作用，有利于演讲者掌控现场。

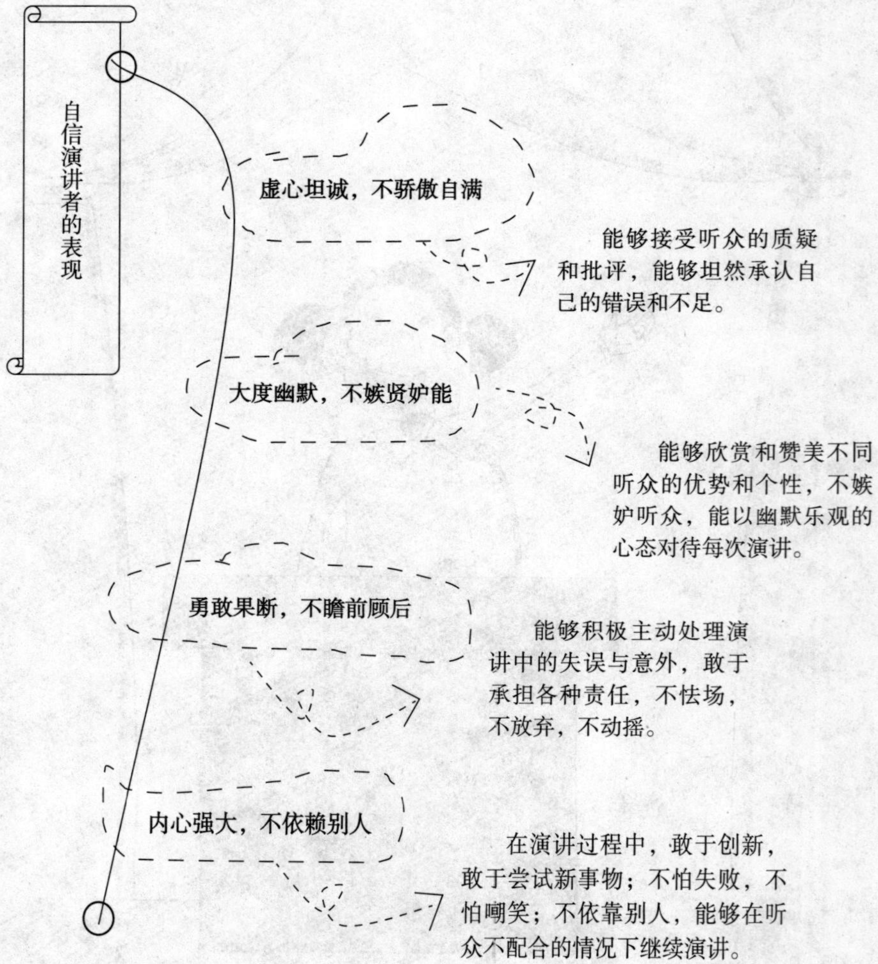

自信演讲者的表现

虚心坦诚，不骄傲自满

能够接受听众的质疑和批评，能够坦然承认自己的错误和不足。

大度幽默，不嫉贤妒能

能够欣赏和赞美不同听众的优势和个性，不嫉妒听众，能以幽默乐观的心态对待每次演讲。

勇敢果断，不瞻前顾后

能够积极主动处理演讲中的失误与意外，敢于承担各种责任，不怯场，不放弃，不动摇。

内心强大，不依赖别人

在演讲过程中，敢于创新，敢于尝试新事物；不怕失败，不怕嘲笑；不依靠别人，能够在听众不配合的情况下继续演讲。

如何做到上场时充满自信

1. 克服避免法

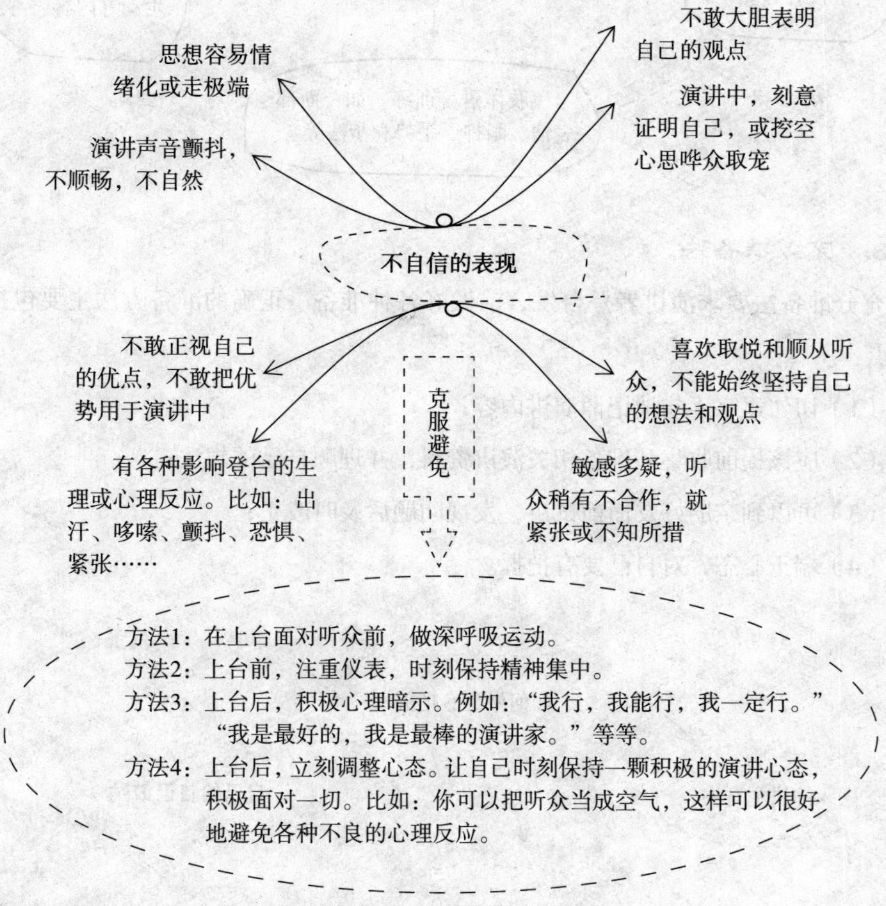

不自信的表现

思想容易情绪化或走极端

演讲声音颤抖，不顺畅，不自然

不敢大胆表明自己的观点

演讲中，刻意证明自己，或挖空心思哗众取宠

不敢正视自己的优点，不敢把优势用于演讲中

有各种影响登台的生理或心理反应。比如：出汗、哆嗦、颤抖、恐惧、紧张……

喜欢取悦和顺从听众，不能始终坚持自己的想法和观点

敏感多疑，听众稍有不合作，就紧张或不知所措

克服避免

方法1：在上台面对听众前，做深呼吸运动。

方法2：上台前，注重仪表，时刻保持精神集中。

方法3：上台后，积极心理暗示。例如："我行，我能行，我一定行。""我是最好的，我是最棒的演讲家。"等等。

方法4：上台后，立刻调整心态。让自己时刻保持一颗积极的演讲心态，积极面对一切。比如：你可以把听众当成空气，这样可以很好地避免各种不良的心理反应。

2. 专业训练法

面对同一演讲主题，接受过演讲训练的人可能只需简单讲几句话，就会十分简练、完整且合乎逻辑地抓住主要情节和情节之间的关系，将演讲主题表述清楚。这样的训练有利于演讲者获得自信。

专业训练内容主要包括以下四个环节。

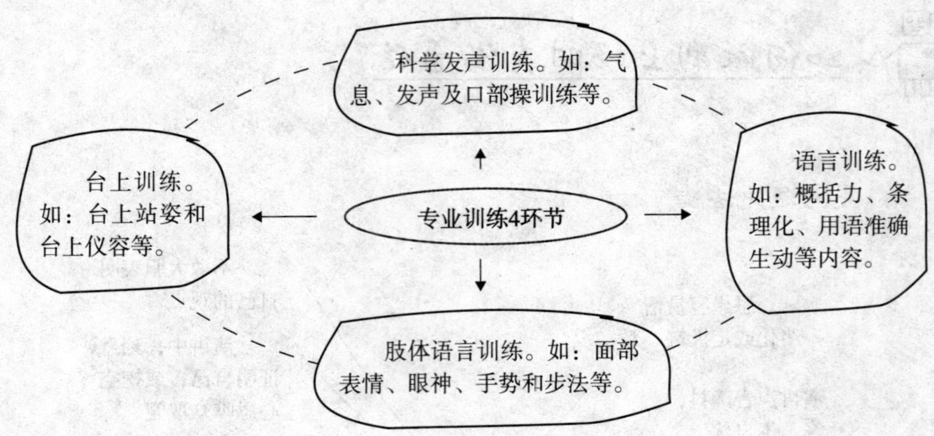

3. 充分准备法

充分准备法要求演讲者登台发言前做好各种准备。正确的准备方法主要包括以下4点：

（1）切勿逐字逐句地记诵演讲内容；

（2）应该提前收集和准备相关演讲资料，并理顺自己的想法；

（3）可以到亲朋好友面前试讲，发现问题后及时改正；

（4）端正心态，对自己要有把握。

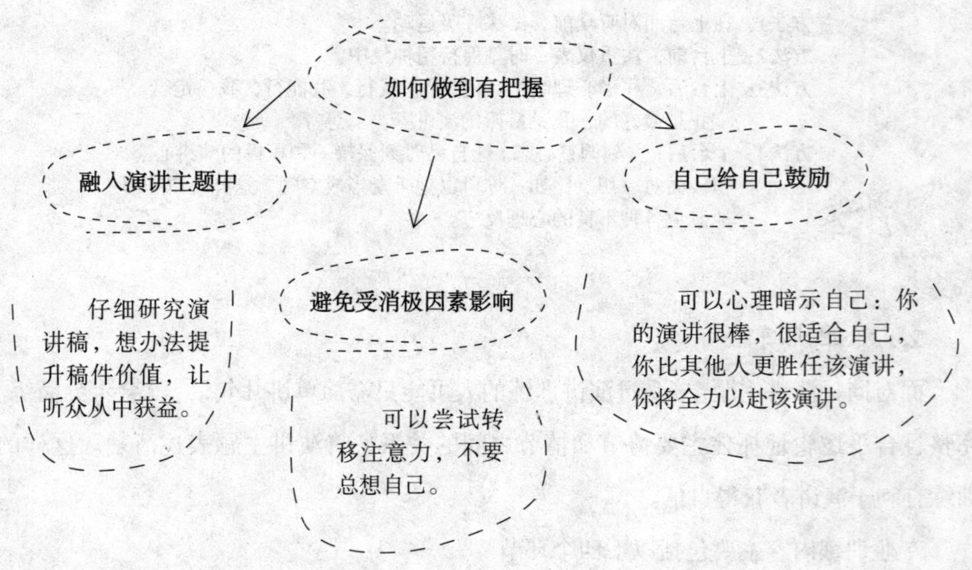

5.2 演讲中动静结合

演讲者要想生动形象地把演讲主题传输给听众，不仅需要流利的语言，而且更多时候需要相应的肢体语言来配合，这样才能在最大程度上感染听众，使得听众愿意一直听下去。

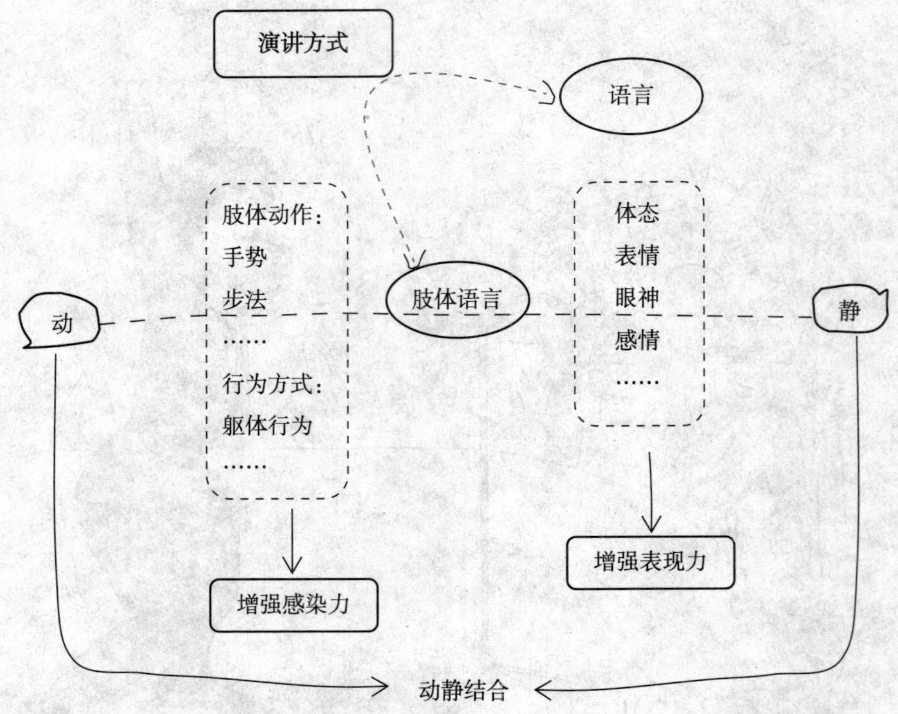

如何做到在演讲中动静结合

1. 模拟训练法

可以查看相关书籍、光盘、文件或视频等资料，进行模拟学习训练。这里主要是查看相关视频资料。

做好模拟训练需要注意以下几点：

（1）选材合理。必须选择更多运用肢体语言进行演讲的资料。

（2）勤于观察。细心观察演讲者是如何做到动静结合的。

（3）反复训练。切忌贪多，应该选择经典材料反复进行训练。

（4）勤于思考。在模仿和训练过程中要勤于思考，不仅要学习别人长处，还应指出别人不足，及时进行更新或修正。

2. 文字形象法

演讲者可以查看演讲材料，将演讲内容一部分重点且能够形象化的文字，使用相应的肢体语言表现出来。运用该法时需要注意下面两点：

（1）选择容易用肢体语言进行外化的文字内容。

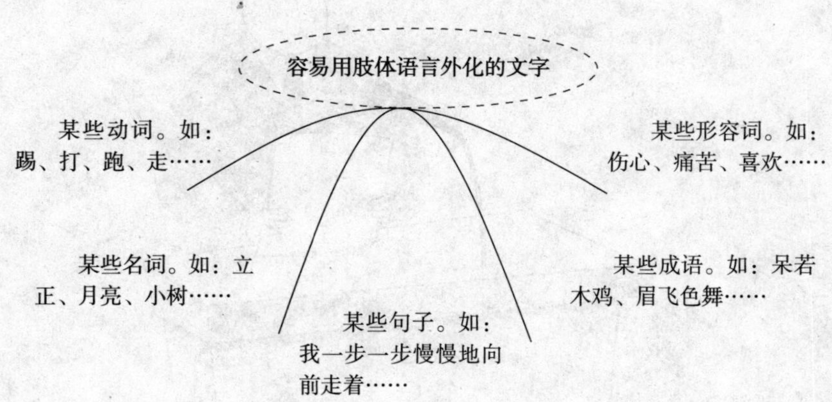

（2）演讲过程中需要注入真情实感，根据演讲内容充分流露出相应的表情。

演讲者可以将以下情感用眉毛进行展现：

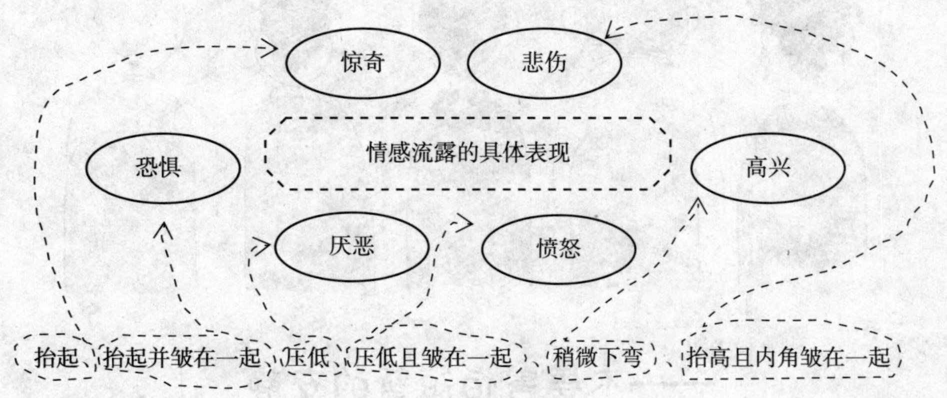

5.3 演讲时巧用停顿

5, 4, 3……

——不要害怕短暂的安静

演讲时，为何要停顿

所谓演讲中的停顿实际上指演讲者在演讲过程中在相关的词语、语句或语段上给予刻意的停留。这种停留有时是逻辑性的，有时是情感性的，无论哪种，有了它就会让演讲产生一种“此时无声胜有声”的现场效应。

这种现场效应具体可以分为以下几种：

1. 标点效应

演讲过程中，演讲者不能也不会说出标点符号，然而停顿可以让听众感受到标点符号的隐性使用，进而更利于对演讲内容的理解。

有篇有关《友情——最宝贵的财富》的演讲稿中写道：

“相信我吧，亲爱的朋友，珍惜你身边的友情，用真诚去对待友谊，因为，这才是最宝贵的财富。”

该段演讲词中的五个标点，就是通过演讲者利用瞬间的停顿显示出来。

2. 气息效应

演讲过程中，演讲者需要依靠停顿来调节气息。这样做不仅优化了演讲者的语音效果，而且也给听众提供了回味和思考的时间。

一篇有关《走进青春》的演讲稿中写道：“我们开始努力去了解是那样熟悉而又似乎是那样陌生的父母。也许父母的苦心不能完全被我们理解，但我们只要了解一点点，我们就应该毫无保留地爱他们。”

此句较长，演讲者在此停顿的目的是调整气息。这样做既可为下文蓄势，又能加强语言的清晰度和表现力，可谓一举两得。

3. 过渡效应

演讲过程中，经验丰富的演讲者一般不使用过渡句转换不同语意或语段，而是靠停顿。比如：一篇有关《走好青春的路》的演讲稿中写道："谁不向往青春？谁没有过青春？青春是美好的。时间固然宝贵，而最宝贵的是青春的岁月。假如有人用万两黄金换你的青春，你不要答应，因为黄金有价，而青春无价。"

前后两段之间没有过渡语，演讲者直接停顿。该停顿有承上启下的作用。

4. 幽默效应

在演讲过程中，有些不必停顿的地方进行适当停顿，或进行连续停顿，都会产生一种幽默的效果。这种幽默有利于演讲者活跃和控制现场气氛。

5. 强调效应

在演讲过程中，有些内容需要演讲者给予突出或强调，这样有利于演讲主题的发挥。而停顿可以起到强调的作用。

最近，公司效益比较好，老板给员工做演讲的第一句话就是："大家辛苦了！正是由于你们夜以继日辛勤工作，公司才会有这样的业绩。"

这句话后，该老板做了停顿。这种停顿强化了老板对员工的认同和欣赏。

6. 静场效应

在演讲开始或过程中，演讲现场可能会很杂乱，或者许多听众因为别的原因不专心听讲。此时，如果演讲者能够适当停顿，可能起到静场的作用。

演讲时，如何巧用停顿

1. 随机停顿法

在演讲过程中，演讲者可以根据现场环境和听众反应，随机地进行停顿。

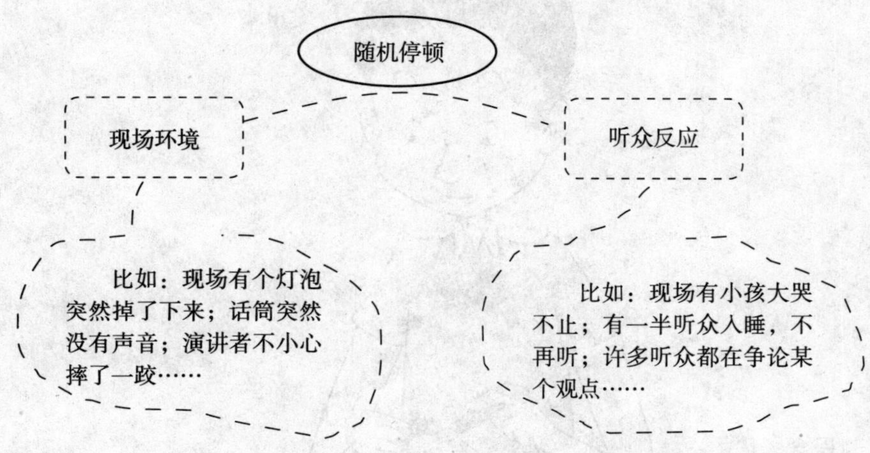

2. 段意停顿法

在演讲过程中，演讲者根据演讲内容进行合理停顿。这种合理性可以表现在不同段落之间、不同语句之间，甚至转折含义较大的词语之间等。

3. 重点提示法

在演讲过程中，凡是演讲者认为重点的、创新的、有价值的，或是与众不同的所有观点和内容，都可以使用停顿。

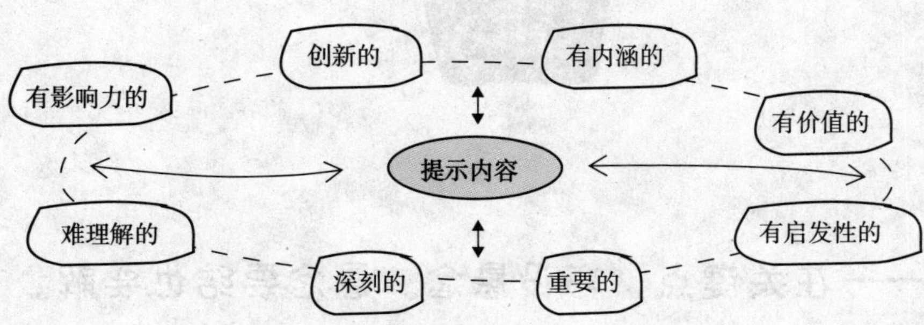

5.4 关键处设置悬念

——在关键点，巧设悬念。悬念要结也要解。

演讲时，该如何巧设悬念

1．设置标题法

演讲者可以通过给演讲内容设置一个带有疑问、反问或扣人心弦的标题来设置悬念。比如“谁是最可爱的人”“中国该如何和平崛起”“该如何管好一个团队”“成功创业的31条真理”等。

2．重点导向法

演讲者可以把演讲结果或演讲内容最精彩的部分先拿出来讲，让读者产生一种追根溯源的欲望。

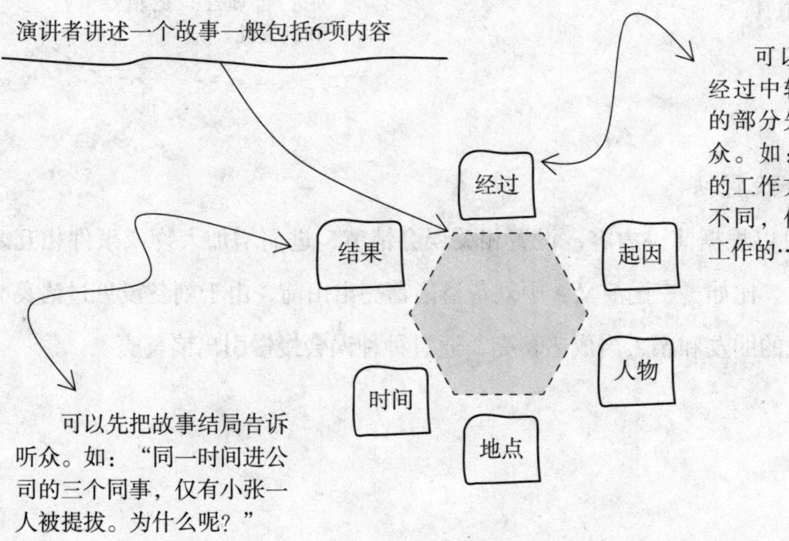

3．故意省略法

在演讲的过程中，演讲者可以把此过程分成好几段，可以选择在关键段结尾处故意省略部分内容放在后面讲。这样做既可以吸引听众继续往下听，又可以引起他们的思考。

4. 巧合设置法

演讲者可以根据演讲内容，设置相关巧合事件。也可以理解为把一些简单的、无序的、无聊的事情，通过精心设计使之变得扣人心弦，引人深思。

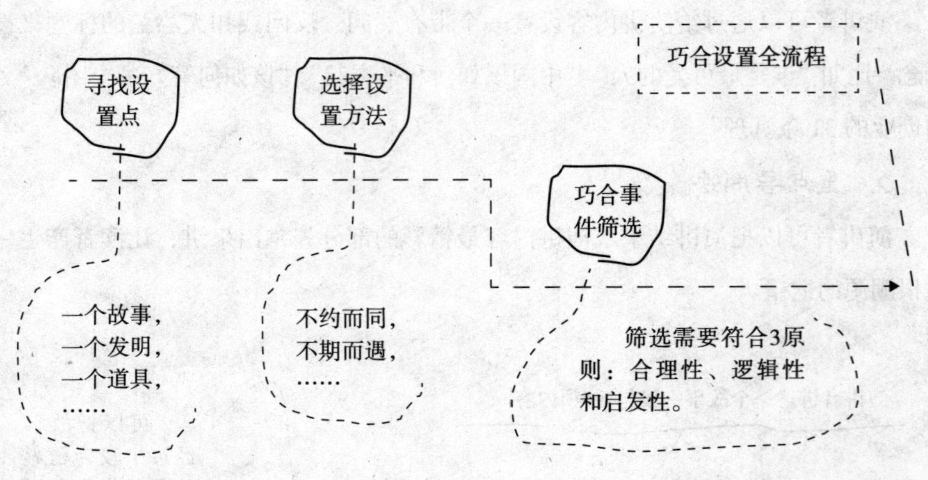

5. 误会设置法

演讲者可以根据演讲内容，设置相关误会情节，进而增加人物或事件相互之间的冲突和矛盾。比如《三国演义》中刘备请诸葛亮出山前，由于刘备没见过诸葛亮，所以多次将他的朋友和亲人当成诸葛亮，通过种种误会慢慢引出诸葛亮。

5.5　适时点提出疑问

——根据时机提问，吸引听众参与。

在演讲过程中，演讲者通常会采用提问的方式与听众产生互动。这样做一方面可以引导听众积极思考，促使他们带着问题听演讲；另一方面可以活跃现场气氛，提高听众的关注力。

演讲提问的六种形式

1. 开放式

这种提问形式比较开放，一般没有固定的答案，可以给听众一个充分想象的空间。比如“你对……的看法是什么？”“在这种情况下你会……”“然后怎么样？”“怎样才会知道问题的真正原因？”“你是怎样处理这些问题的？”等等。

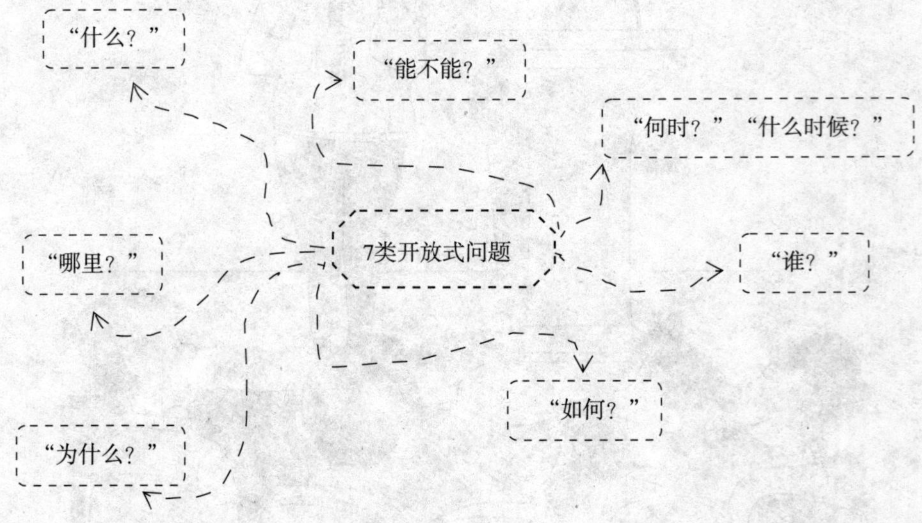

2. 闭合式

这种提问形式相对比较封闭，提出的问题较具体，对方回答时也比较简单。一般只需回答“是”还是“不是”，“对”或者“不对”，几年或几个等。比如“你今年贵庚？”“他是不是警察？”“这个答案对不对？”等等。

3. 探寻式

这种提问的目的主要是寻找某些问题的原因，或试图了解对方的目的或意图。这种提问比较普遍，最常用的一个问句就是“为什么？”。

4. 复合式

复合式提问属于连续提出两个或两个以上问题的提问方式。

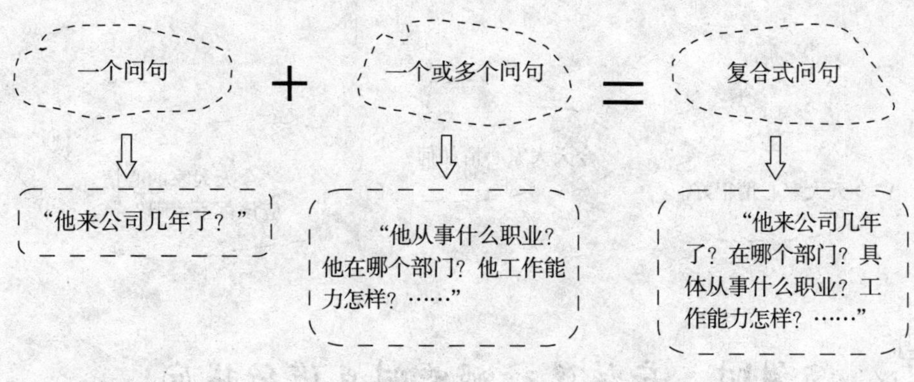

5. 重复式

演讲者用两次或两次以上的同样形式对某个问题进行提问。

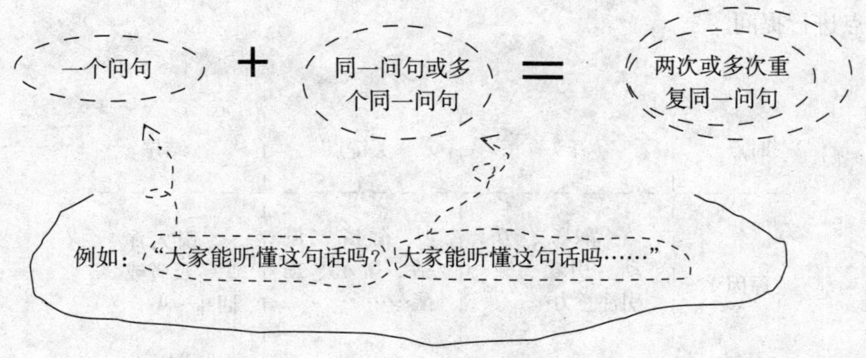

6. 假设式

演讲者明知某种事物不存在或难以实现，却以该事物已经存在为前提进行提问。比如：“假如你有一双翅膀，你会飞向哪里？”“假如外星人就在这里，你会怎么办？”“假如明天是世界末日，大家最想见的人是谁？”等等。

7. 诱导式

使用此法提问的问题中一般都包含演讲者的观点，而且里面有暗示听众按照演讲者想要的答案回答。

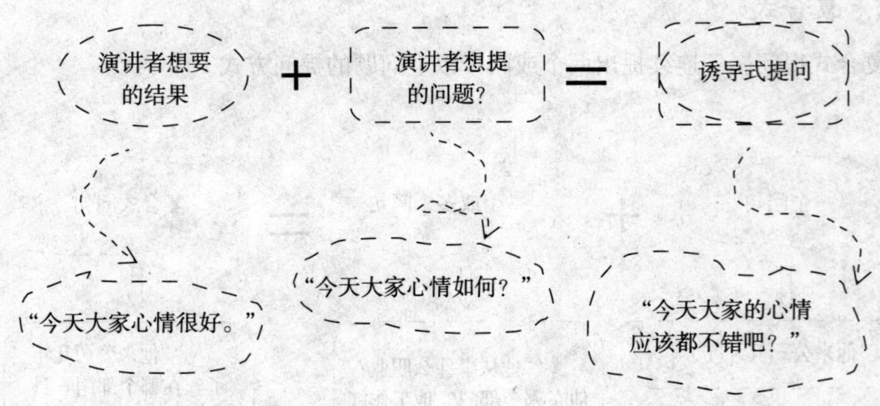

演讲时，应该选择哪些时点进行提问

在演讲过程中，好的演讲者不仅仅重视选择提问方式，而且更注重选择合适的时间点进行提问。

时点	开头	关键点	结尾
原因	静场、互动、引题、吸引注意力……	衔接、概括、警示、提醒……	引人深思、反省或回味……
事例	“大家想赚更多的钱吗？”	“大家都明白这个故事的深刻含义吗？”	“听完上述演讲后，是不是觉得赚钱并没有那么难呢？”

第 6 章

5 类棘手状况处理

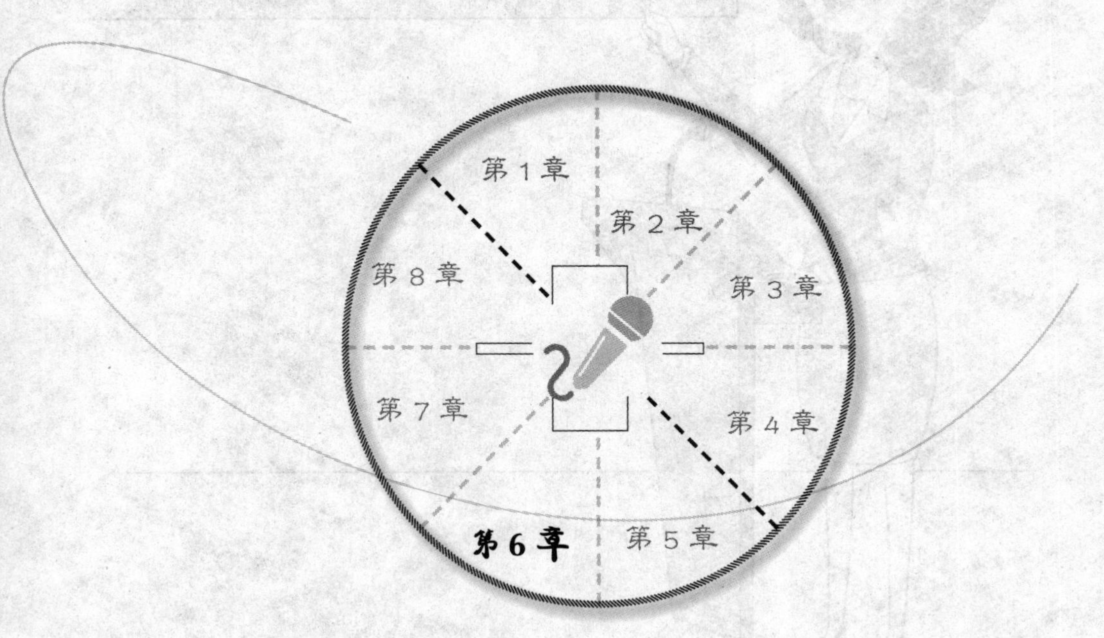

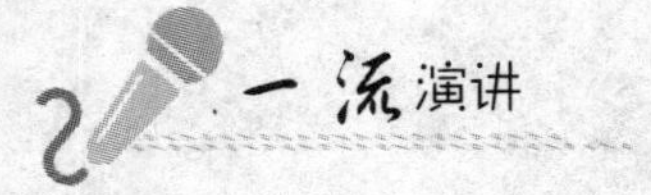

中途卡壳

故意刁难

抱怨不断

突发状况

冷场过久

6.1　中途卡壳

——中途卡壳，切忌自暴自弃。

在演讲中，经常会发生演讲者思路突然中断、说不出话的现象。在这种情况下，如果不能及时有效地接续演讲，很可能使自己陷入无法摆脱的窘境，并由此导致整个演讲的失败。

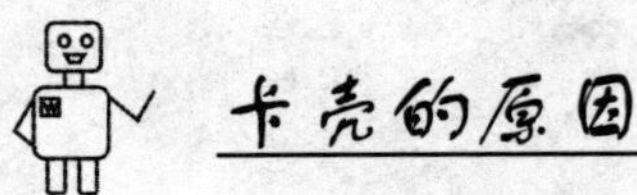

卡壳的原因

造成卡壳的原因有很多，主要涉及主观和客观两个方面。

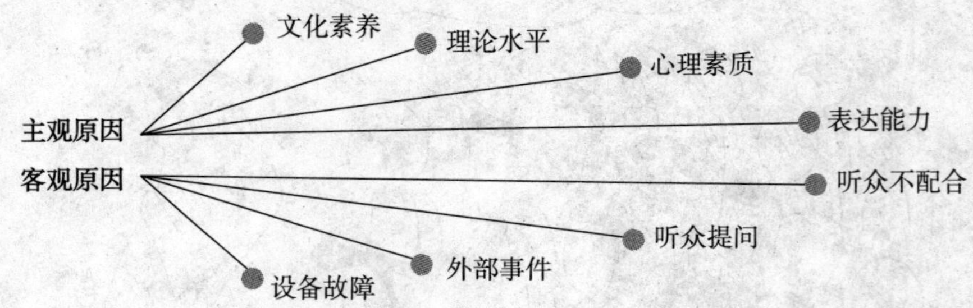

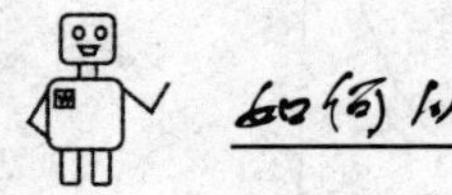

如何从卡壳中解脱出来

若要从演讲卡壳的尴尬中解脱出来，需要演讲者在不断优化和提高自己心理素质的基础上，掌握一些应急处理技巧。

1. 跳过盲点

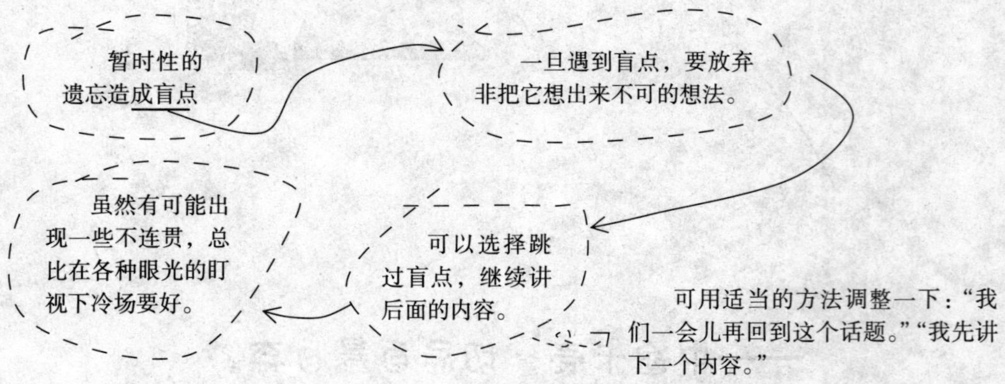

2. 即兴插说

遇到卡壳时，可以采用即兴插说的方法，即插几句无伤大雅的话。如“我想，在座的各位也许有着与我相同的感受，我想听听大家的看法。”

即兴插说解脱卡壳的原因在于：一来能为演讲者调节思维赢得宝贵的时间；二来也许听众的某一句话就能成为最好的提示。

3. 联想题目

遇到卡壳，应当机立断，根据自己演讲的题目想一想：还可以讲讲哪些内容？

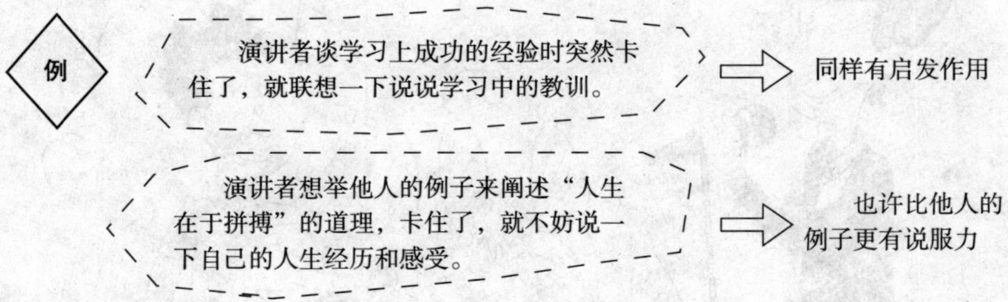

4. 提出问题

遇到卡壳时，应学会承接语意，抛出问题，可以抛给自己，也可以抛给听众。

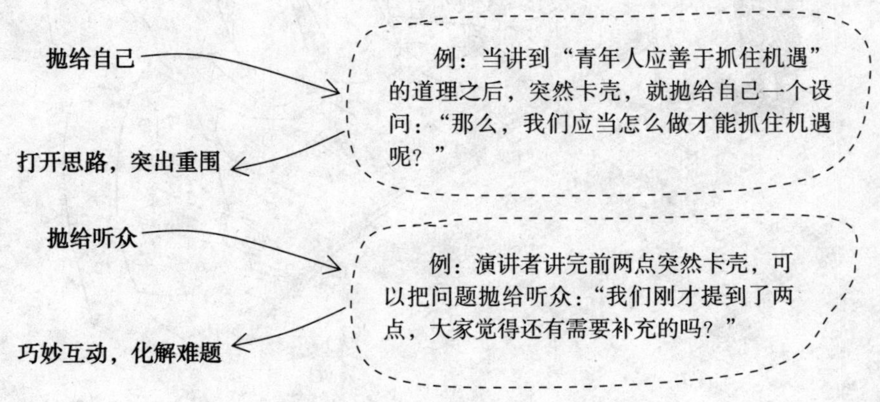

5. 巧做解释

遇到卡壳时，不妨从刚才讲的一段话中提取一个中心句或关键词，然后做一番更深层次的解释。此法可以帮助暂时稳定情绪，开启思维。

6.2 故意刁难

你有什么资格在这里演讲？

——站在这里，已经可以说明我具备了演讲资格。

演讲面对的听众良莠不齐，难免有故意刁难者，提出一些带有歧视、轻视、敌视性的问题。面对这些刁难者，演讲者不能像对待善意的质疑者一样，而是要给予恰当的回击。演讲者具体可以采用以下几个方法：

1. 针锋相对法

针锋相对即不采用任何技巧，采用直接面对的方式对刁难者进行反击。

一位刁难者对赫胥黎进行人身攻击："按照赫胥黎的信仰，他本来就是猴子变的嘛！"赫胥黎针锋相对地回答："要说我起源于弯着腰走路和智力不发达的动物……我并不觉得羞耻；若要说我起源于那些自称很有才华……却任意抹杀真理的人，那才真正可耻！"

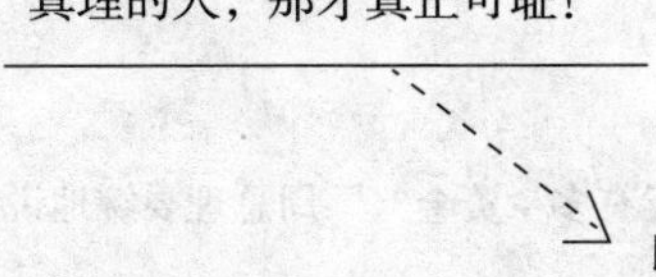

赫胥黎面对抹杀真理之人，以愤而还击的方式处理。

2. 顺水推舟法

顾名思义，先顺从刁难者，然后再抓住刁难者话语中的某个点予以反击。

作家谌容应邀参加演讲，有人提了一个难堪的问题："听说您至今还不是共产党员，请问您对中国共产党的私人感情如何？"谌容顺水推舟地答道："我确实不是共产党员，但我的丈夫是个老共产党员，而我们共同生活了几十年，尚无离婚迹象，可见，我同中国共产党的感情有多深。"

谌容先顺从刁难者的提问，然后以与丈夫的关系巧妙回击了刁难者。

3. 反戈一击法

赞同刁难者的看法，再转化到其他思维上进行回击，可以提问刁难者对演讲内容的理解等。

例　一位听众发起刁难，连珠炮似的问了很多和演讲无关的问题，演讲者一一予以回答。而后演讲者转而问这位听众：“我方才讲的热胀冷缩原理你懂了吗？”这位听众说：“很简单，冬天白天短——冷缩；夏天白天长——热胀。”台下哄然大笑，听众才知道说错和失败的是自己。

演讲者淡定回答刁难者的问题，而后转换话题，把问题导向自己熟悉的领域。

4. 避虚就实法

避开刁难者提问的中心，转而从其他角度切入进行回答。

例　一个西方记者说：“请问，中国人民银行有多少资金？”周总理委婉地说：“中国人民银行的货币资金嘛，有18元8角8分。”当他看到众人不解的样子，又解释说：“中国人民银行发行的面额为10元、5元、2元、1元、5角、2角、1角、5分、2分、1分的10种主辅人民币，合计为18元8角8分……”

周总理既回答了记者的问题，又巧妙地避开了记者的刁难。

5. 虚晃一招法

如果面对过分纠缠的刁难者，而演讲时间又不足以与之纠缠，可以采用虚晃一招的办法。虚晃一招法即不与之纠缠，让刁难者自感无趣。

用法示例　“这个问题不在我们今天的讨论范围之内，我现在回答你的问题需要的时间太长，如果你感兴趣，等演讲结束后我们私下沟通。”

6.3　抱怨不断

面对听众抱怨，切勿抱头鼠窜。

导致听众抱怨不断的原因

在演讲中可能会出现躁动、混乱、听众离场等情况，这就意味着听众对演讲产生了抱怨的情绪，出现此种情况的原因主要有客观和主观两个方面。

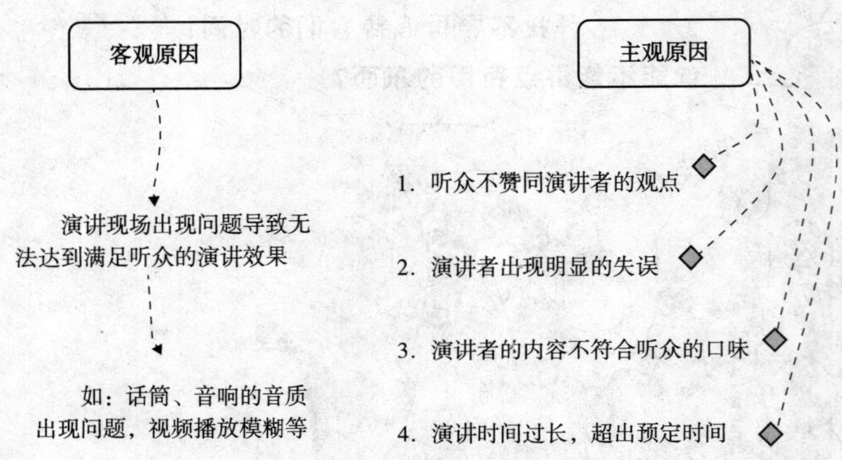

如何应对听众的抱怨

针对导致听众抱怨不断的客观因素，演讲者在演讲前需进行有效规避，提前做好检查及更换工作。下面将着重讲述消除因主观因素导致听众抱怨的方法。

1. 针对听众不赞同演讲者产生的抱怨——和气面对，虚心接纳，直面抱怨

演讲者首先应稳定情绪，以平和的心态接纳听众的意见。然后，转而向听众讨教，进而把听众抱怨的情绪转变成一场和谐的互动。

2. 针对演讲者出现失误产生的抱怨——随机应变，巧妙应战，化解抱怨

演讲者出现一些失误，一般会引起听众的躁动和小声的议论，此时，演讲者可采取两种措施：一种是坦率地承认，但有可能节外生枝产生其他问题；还有一种是巧妙化解，把抱怨转化为掌声。

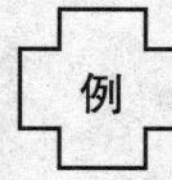

一位诗人在演讲时准备朗诵一段自己的诗，可诗稿却放在台下，他便走下讲台去拿，诗人走上讲台时一不留神在讲台边上趔趄了一下，听众顿时窃窃私语起来。诗人稳住身，转向听众，指着台阶说：“你们看，上升一个台阶多么不易，生活是这样，写诗亦如此。”

面对自己的失误，这位诗人巧妙地运用自身的失误讲出了一番道理，化解即将发生的骚乱状况，也赢得了听众的掌声。

3. 针对无法迎合听众口味产生的抱怨——巧用幽默，吸引注意，缓解抱怨

无法迎合听众口味一般是因为演讲内容过于无趣，不妨在演讲中随机穿插一些笑谈趣事，如讲个笑话、说个故事、谈点趣闻、做个游戏等。

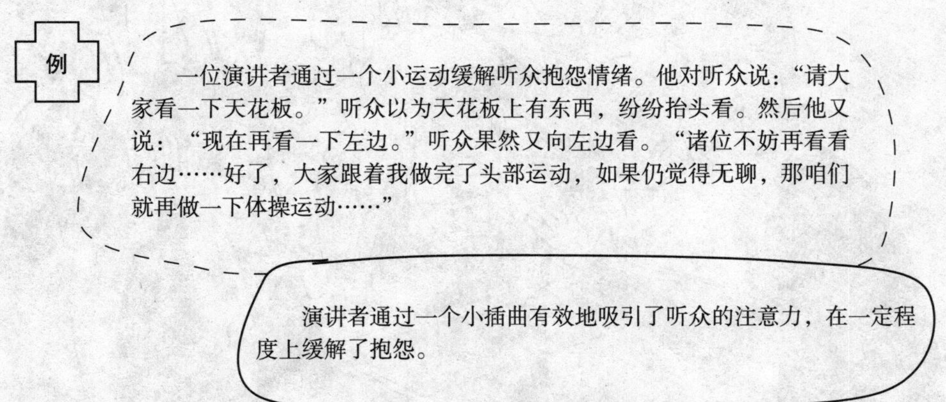

例

一位演讲者通过一个小运动缓解听众抱怨情绪。他对听众说：“请大家看一下天花板。”听众以为天花板上有东西，纷纷抬头看。然后他又说：“现在再看一下左边。”听众果然又向左边看。“诸位不妨再看看右边……好了，大家跟着我做完了头部运动，如果仍觉得无聊，那咱们就再做一下体操运动……”

演讲者通过一个小插曲有效地吸引了听众的注意力，在一定程度上缓解了抱怨。

4. 针对因演讲时间过长产生的抱怨——深入浅出，速战速决，终止抱怨

当听众因演讲时间过长产生抱怨情绪时，演讲者可通过以下几点解决问题：

（1）适当调整内容，可以考虑把某个要点全部取消；

（2）取消不重要的、较长的故事、笑话、叙述等内容；

（3）检查论据和例子，不要重复相同或相似的内容。

6.4 突发状况

突发状况是说在演讲过程中，突然出现演讲者自身之外的某种外在因素侵入演讲现场，使演讲进程受到影响。

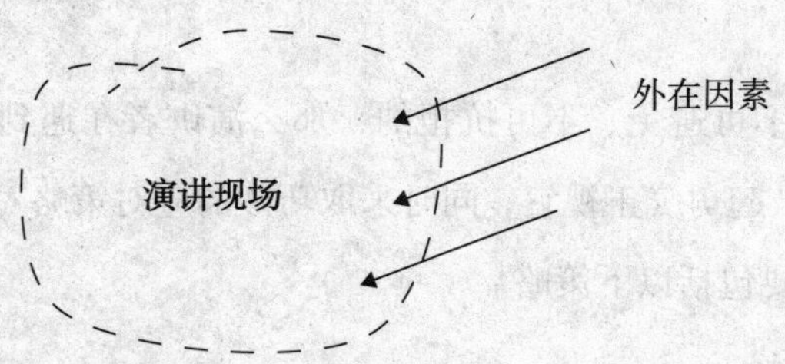

突发状况不仅会影响演讲者的演讲状态，而且也会打断听众思路，影响听众情绪，甚至会使现场秩序陷入混乱。

突发状况往往不可预料，它的产生具有很强的突发性，是任何演讲者都无法抗拒的。

突发状况的表现

突发状况的表现包括：

（1）演讲现场突然停电。

（2）现场音响或多媒体设备发生故障，停止运转。

（3）麦克风突然发出刺耳的声音。

（4）PPT或影像资料播放到一半突然停止。

（5）写字用的白板突然倒在台上。

（6）写字用的笔写不出字。

（7）场内天花板上突然掉下不明物体。

（8）情绪激动的听众突然大闹演讲现场。

（9）演讲现场突然有听众感到不适甚至晕倒。

（10）演讲场外闪电雷声大作，自己的声音被压了下去。

（11）露天演讲时，突然刮大风或下起雨。

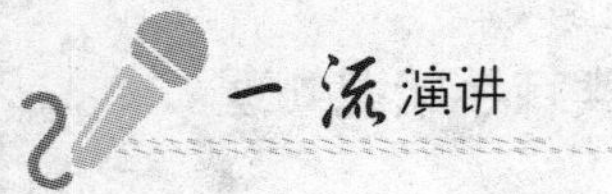

应对突发状况的策略

既然突发状况是不可避免、不可抗拒的，那么演讲者在遇到突发状况时就不能一味回避它，而应该鼓起勇气正视它，同时采取巧妙的应对策略对其进行有效控制。

应对突发状况主要包括以下策略。

1. 由幽默打圆场

发生突发状况时，演讲者可以用幽默风趣的话语对其进行“认真”的评价，这样做不仅能够使现场免受影响，还可以博得听众一笑，调动听众的情绪。

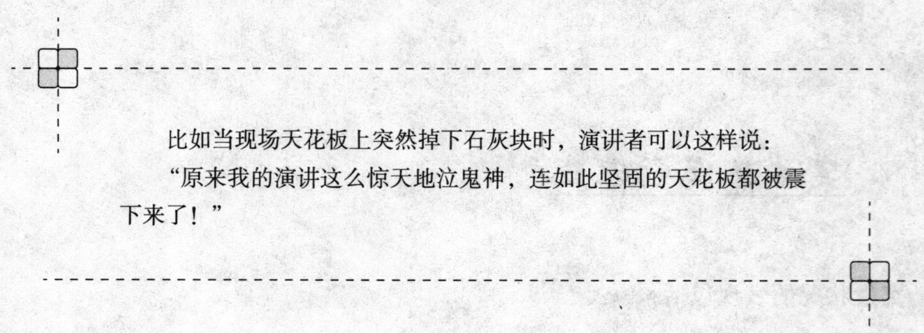

比如当现场天花板上突然掉下石灰块时，演讲者可以这样说：

“原来我的演讲这么惊天地泣鬼神，连如此坚固的天花板都被震下来了！”

2. 移花接木

演讲者可以把所发生的突发状况巧妙移植到演讲中，使突发状况在不经意间得到化解。

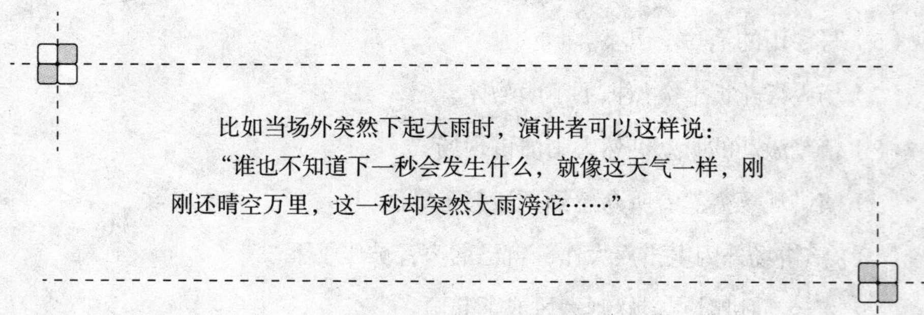

比如当场外突然下起大雨时，演讲者可以这样说：

“谁也不知道下一秒会发生什么，就像这天气一样，刚刚还晴空万里，这一秒却突然大雨滂沱……”

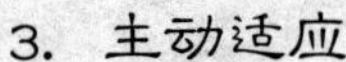

3. 主动适应

发生突发状况时，往往演讲者会被迫处于被动地位，但演讲者不能被完全压倒，而应该积极化被动为主动。既然无法改变外在因素，那么可以从自身做出改变，挽回局面。

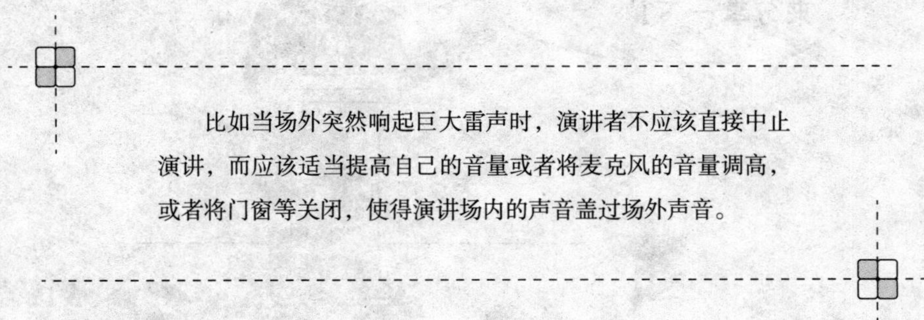

比如当场外突然响起巨大雷声时，演讲者不应该直接中止演讲，而应该适当提高自己的音量或者将麦克风的音量调高，或者将门窗等关闭，使得演讲场内的声音盖过场外声音。

6.5 冷场过久

冷场过久是说在演讲过程中，听众对演讲者所讲的话题缺乏兴趣，或者演讲者的演讲方式无法调动演讲者的情绪时，听众反应冷淡，或干脆不予任何回应，致使演讲现场长时间处于尴尬的静默状态。

可能演讲者单方面发出信息，无法得到听众的有效回应，也可能听众毫无反应，还可能仅以简单的单音字节加以应付。

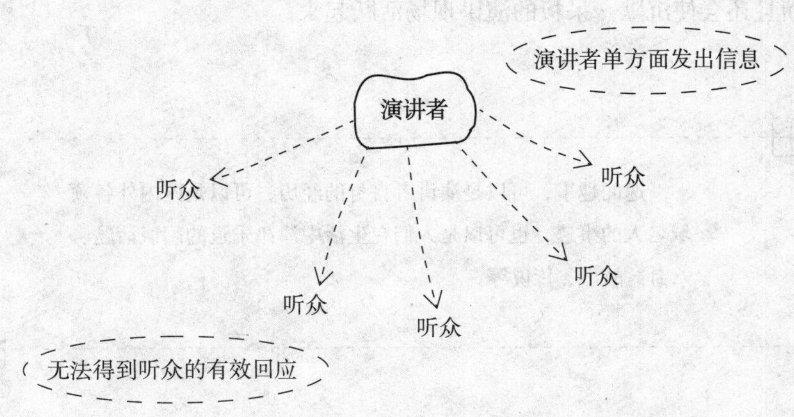

冷场，尤其是演讲过程中长时间的冷场，是演讲失败的表现。它无法调动起听众的兴趣，更无法对听众产生某种影响或引发听众思考，那么这样的演讲便失去了意义。

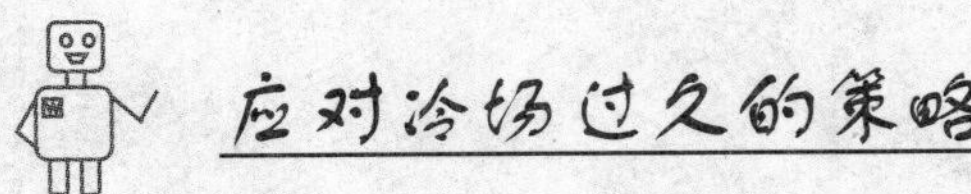

应对冷场过久的策略

既然冷场是关系到演讲成与败的重要影响因素，那么演讲者就应该采取多种策略有效避免冷场现象的发生。

演讲者具体可以参考下面的策略：

1. 简短发言

在演讲过程中，演讲者所讲的每个主题应越短越好，切忌滔滔不绝地讲个不停。

每个主题结束之后，有意识地为听众留出发言的时间和机会，等听众做出有效反应之后再开启下一个话题。

2. 穿插逸闻趣事

在演讲过程中，演讲者切不可一味念演讲稿，或只是向听众灌输深奥的知识，而应该在其中恰当而又适时地穿插一些逸闻趣事，这样不仅可以有效集中听众的注意力，而且还会使沉默、呆板的演讲现场活跃起来。

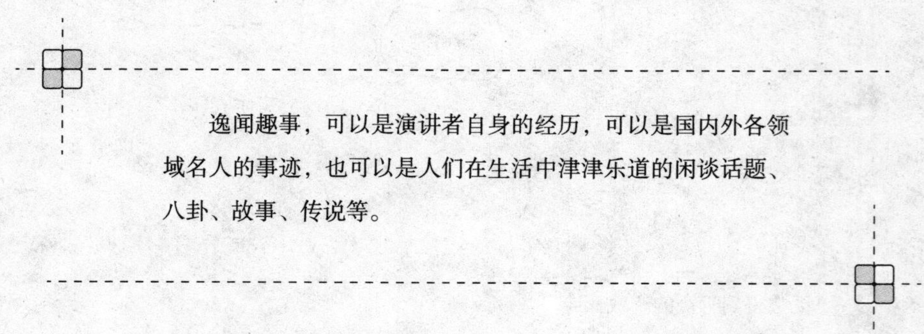

逸闻趣事，可以是演讲者自身的经历，可以是国内外各领域名人的事迹，也可以是人们在生活中津津乐道的闲谈话题、八卦、故事、传说等。

3. 巧妙打破沉默

在演讲过程中，演讲者难免会遇到现场暂时性或短暂沉默的情况，比如当演讲者提出一个问题，台下的听众突然鸦雀无声。这时，演讲者就应该即时打破沉默，而不能让这种静默的状态持续下去。

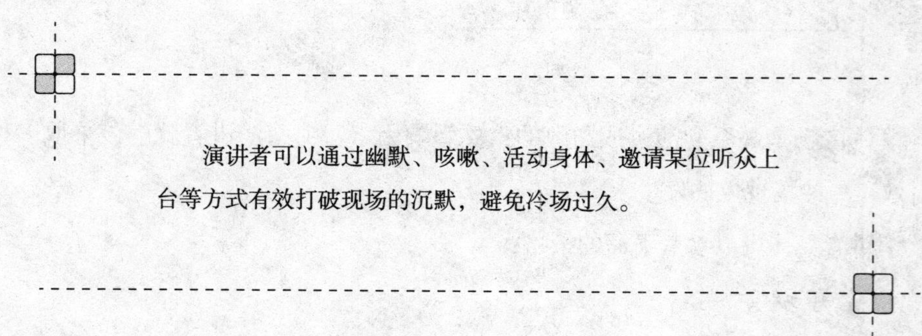

演讲者可以通过幽默、咳嗽、活动身体、邀请某位听众上台等方式有效打破现场的沉默，避免冷场过久。

第 7 章

5 个方法回答提问

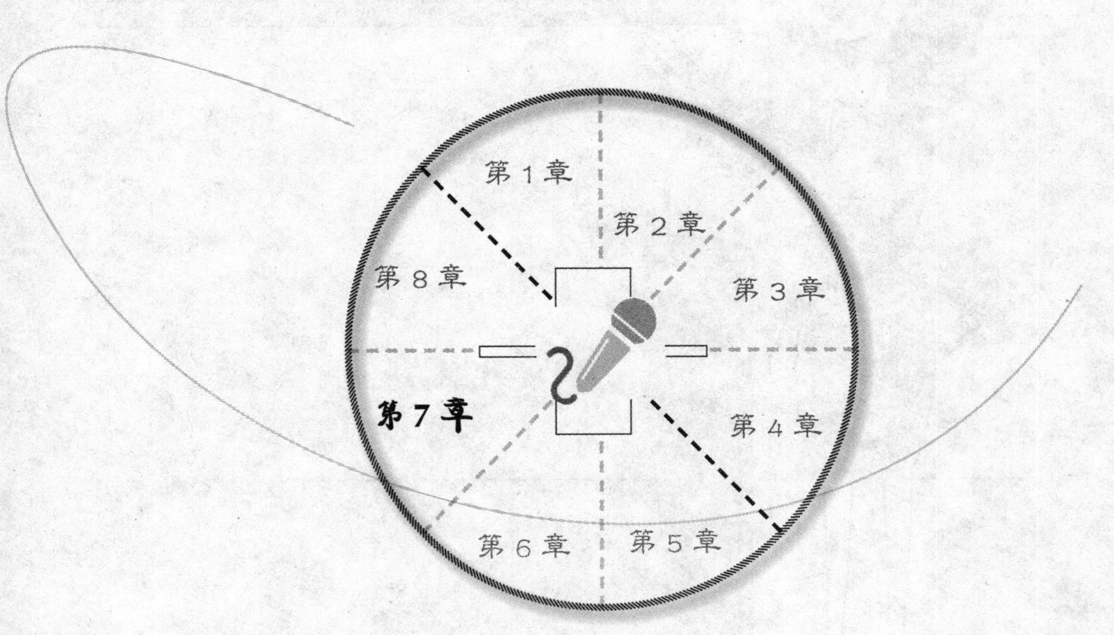

直接回答法

寻求帮助法

小组讨论法

问题返还法

推迟解答法

7.1　直接回答法

——简单问题，直接回答。

在下列情况下演讲者可以使用“直接回答法”回答听众的提问：

（1）听众所提的问题演讲者已经提前准备好了答案；

（2）演讲者能够准确回答听众的提问；

（3）听众所提的问题比较简单；

（4）回答听众的提问是演讲的规定环节；

（5）回答听众的提问并不会影响演讲的效果。

如何使用直接回答法

演讲者可以参考如下方式使用直接回答法：

1. 听清听众问题

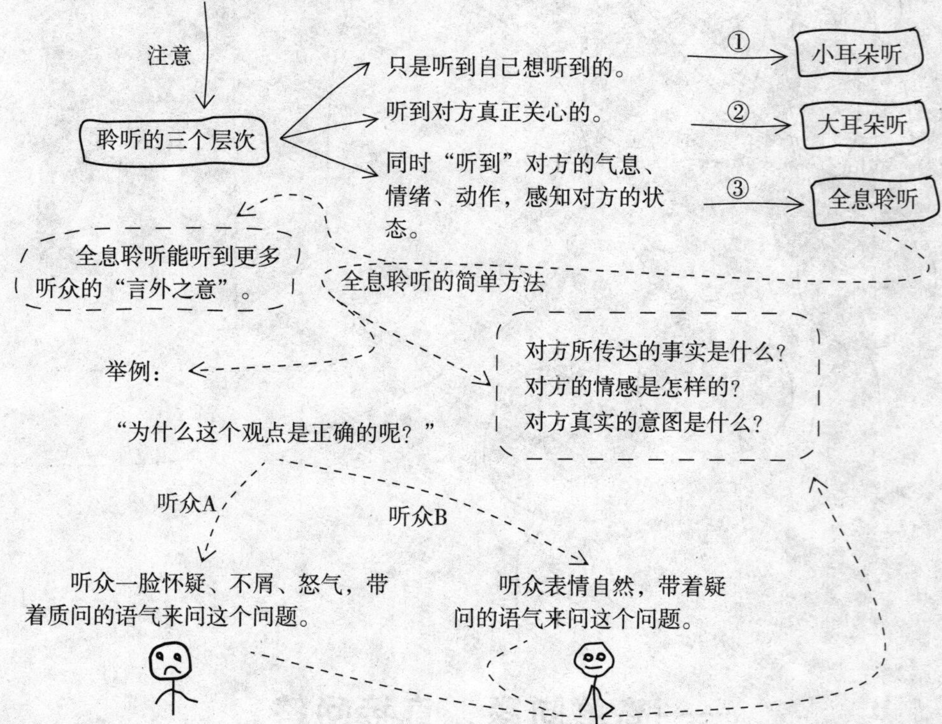

2. 检验确认问题

在听完听众的问题后，演讲者可以重复一遍听众所提的问题，确认自己所听到的问题是否正确，这样不但可以针对问题与提问者达成共识，而且可以给自己一些思考的时间。

3. 快速构思答案

在确定提问者的问题后，演讲者在脑海中应快速针对问题构思答案。如果事先已经为问题准备好相关答案，可以使用准备好的答案；如果所提问题是有针对性的，则需要根据演讲主题进行相应的回答。

4. 直接回答问题

直接回答提问者的问题时，可以使用以下四个小技巧：

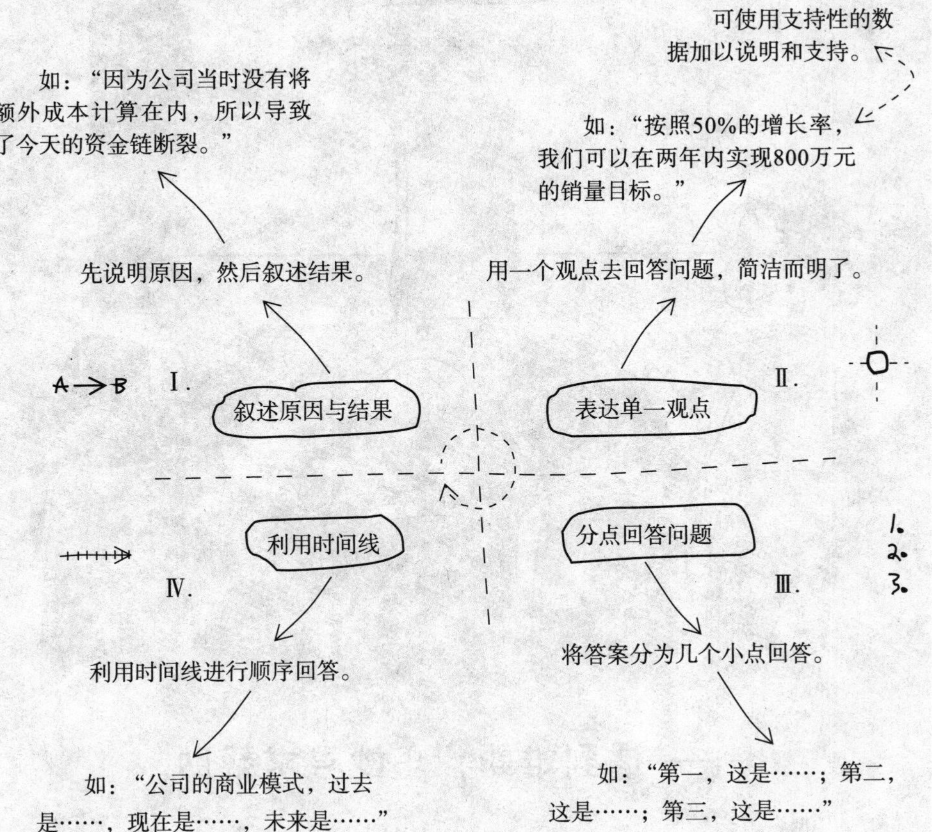

7.2 寻求帮助法

——遇到难题，巧妙寻求帮助。

寻求帮助法的适用情况

1. 演讲者需要帮助

（1）提问者的问题需要做出回答；

（2）演讲者自己无法回答提问者的问题。

2. 现场具备获得帮助的条件

（1）现场有人能够提供帮助；

（2）现场有设备能够提供帮助，如能上网的电脑。

寻求帮助的求助对象

演讲者可以向以下六类求助对象寻求帮助：

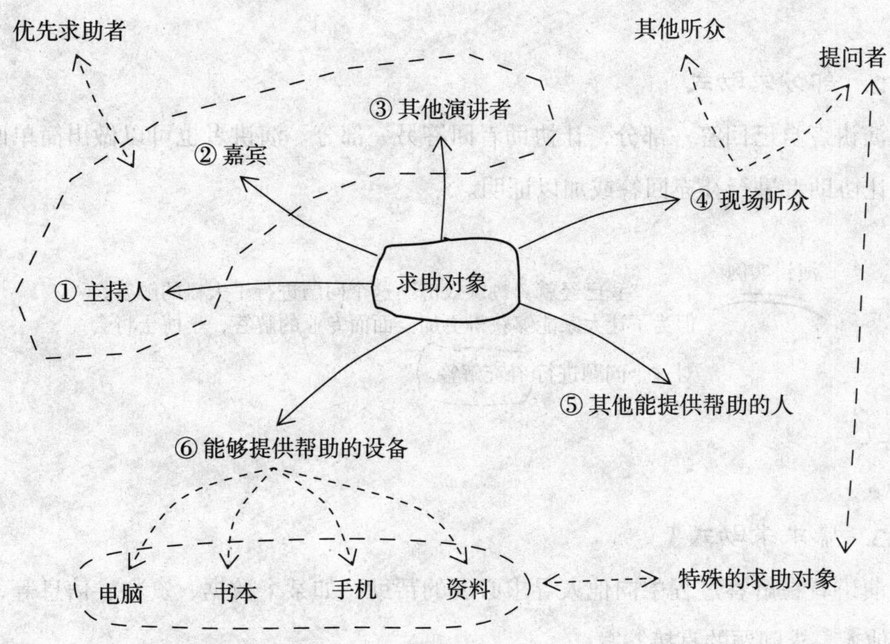

寻求帮助的三种形式

1. 完全求助式

直接把问题转给他人，让他人完全回答整个问题。如：

演讲实例

“这位提问者提出了一个非常好的问题，非常专业。恰好，在场的王教授是这一方面的顶级专家，我们请王教授来为大家做一下专业解答，好不好！”

将问题完全转移给他人

注意：

1. 转移对象应是有能力解答的人。
2. 最好能够在演讲前与转移对象事先协定。
3. 应避免出现转移对象“喧宾夺主”的现象。

2. 部分求助式

演讲者自己回答一部分，让协助者回答另一部分。演讲者也可以做出简单回答后，让协助者进行补充回答或加以证明。

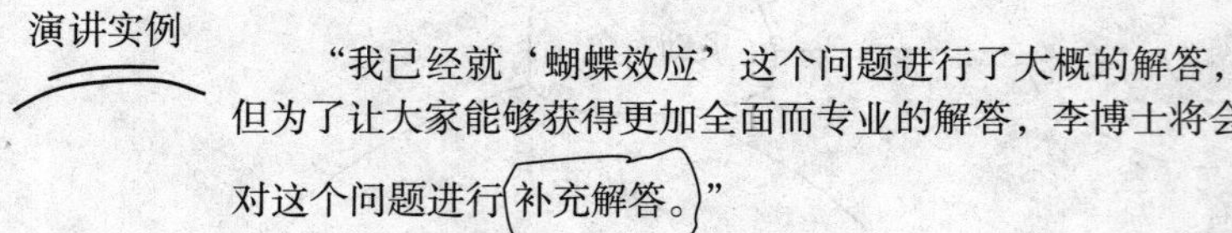

演讲实例

“我已经就‘蝴蝶效应’这个问题进行了大概的解答，但为了让大家能够获得更加全面而专业的解答，李博士将会对这个问题进行补充解答。”

3. 需求求助式

演讲者在解答过程中向他人寻求必要的帮助，如某个数据、资料、信息等，而非向他人寻求问题的直接答案。

寻求帮助的三种选择

演讲者在寻求帮助时，主要有三种求助模式选择，分别是现场求助、场外求助和综合求助。如下图所示。

寻求帮助的求助策略

1. 直接求助

直接向求助对象求助，如："主持人，麻烦您来解释一下这个问题，好吗？"

2. 间接求助

间接获得某方面的帮助，如演讲者可以向提问者说："您可以先定义一下这个问题中的'适度而美好'吗？"

3. 明确求助

明确表明让某个人来回答问题，如："我们请张经理来回答一下这个问题吧。"

4. 不定求助

不指明明确的求助对象，如："有谁能够回答一下这个问题呢？"

7.3 小组讨论法

针对TONY刚刚提出的问题，大家可以三人一组讨论一下！然后派一位代表说一下讨论结果，看看大家想法有什么异同！

——邀请听众参与，共同解答问题，
并综合讨论结果，获取最终答案。

小组讨论法的适用情况

1. 能够组建小组

运用小组讨论法的前提是在演讲时能够组建成一个讨论小组。

2. 问题需要讨论

演讲者在演讲中遇到以下问题时，可以采用小组讨论法：

（1）较为复杂的问题

提问者的问题比较复杂，演讲者无法单独给出答案。如："国家提高利率对基础制造业有什么影响？"

（2）见仁见智的问题

提问者的问题具有多解性，不同的人具有不同的见解。如："人的一生中，最重要的是什么？"

（3）探讨类型的问题

提问者的问题目前还没有明确的答案，需要深入探讨。如："在影视中如何解决时间旅行中的时间悖论问题？"

如何运用小组讨论法

1. 讨论小组的组建

（1）确定小组成员

A. 确定小组成员数。一般以3 ~ 5人为宜。

B. 挑选小组成员。讨论小组成员必须是必要而且适合的人选。

（2）明确讨论主题

根据提问者的问题，明确一个讨论的主题，让小组成员在规定的主题范围内进行讨论。如提问者的问题是："幸福是什么？"讨论主题应为"幸福"，而不能是"梦想""人生"或其他主题。

（3）规定讨论方式

演讲者可以在以下三个方面对讨论方式进行规定：

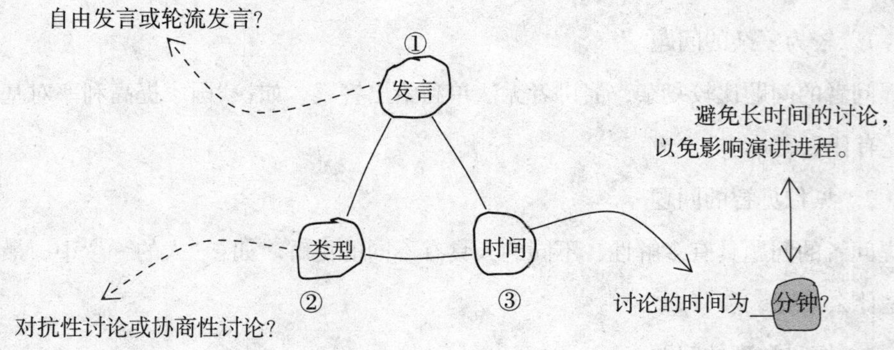

2. 演讲者的作用

不同的讨论主题，演讲者在讨论小组中的作用不同，演讲者可根据实际情况自行定位。演讲者的作用一般有以下四种。

（1）引导讨论过程

演讲者通过适当的提问来引导讨论过程，如：

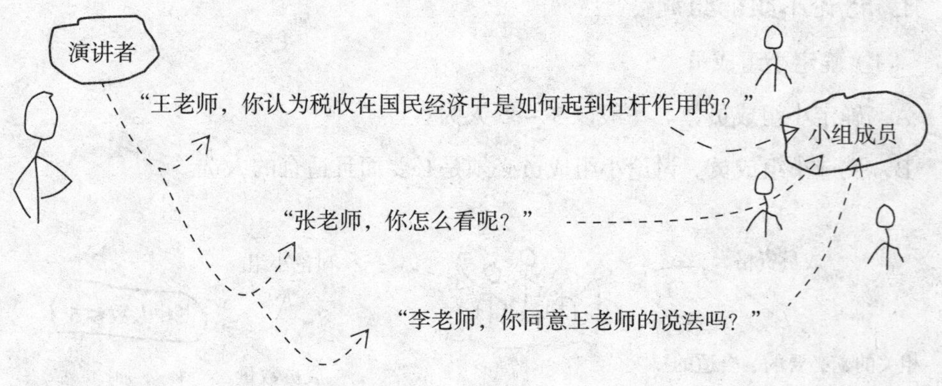

（2）维护讨论秩序

当讨论出现混乱或偏离讨论主题时，演讲者可以对小组成员进行适当的提醒，使讨论正确有序地进行。如：“让我们把讨论的重点集中在讨论的主题上吧！”“请各位按顺序发言，不要争抢。”

（3）参与实际讨论

演讲者可以参与到实际的讨论过程中。

（4）总结讨论结果

讨论结束后，演讲者对讨论的结果进行最后的总结。如：“经过小组的讨论，我们最终得出的结果是……”

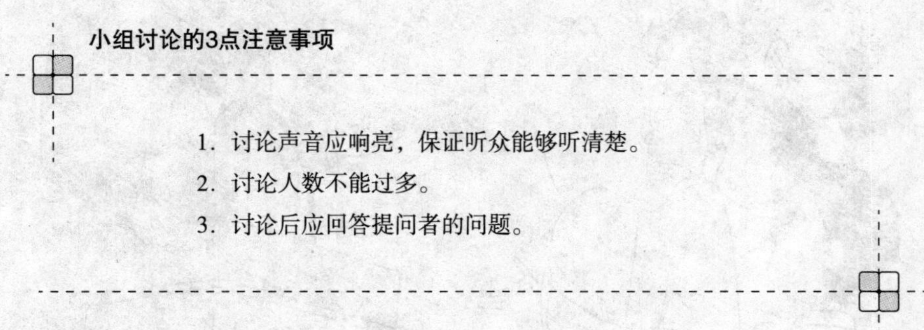

小组讨论的3点注意事项

1. 讨论声音应响亮，保证听众能够听清楚。
2. 讨论人数不能过多。
3. 讨论后应回答提问者的问题。

7.4 问题返还法

——将听众的问题巧妙抛回给听众。

问题返还法的适用情况

在演讲中，问题返还法适用于以下几种情况：

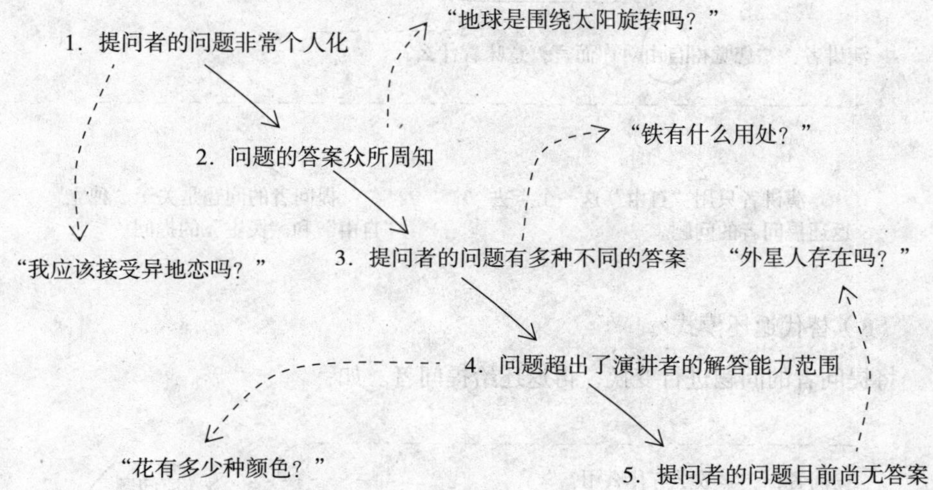

问题返还法的使用方法

1. 问题返还法的三种返还模式

（1）完全返还模式

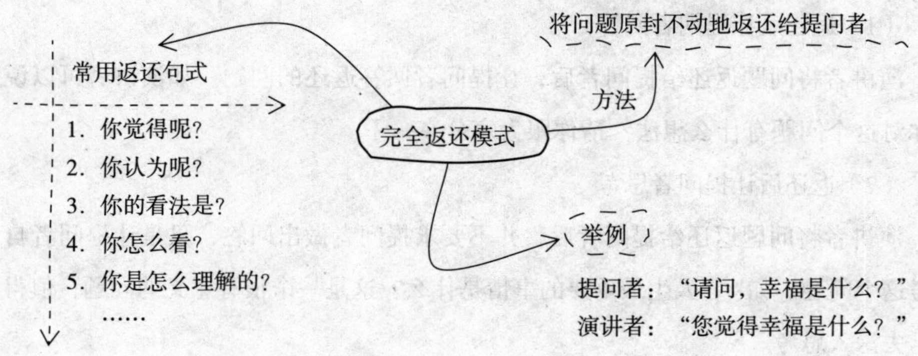

（2）部分返还模式

返还问题时，不全部返还提问者的问题，只返还其中的一部分。如：

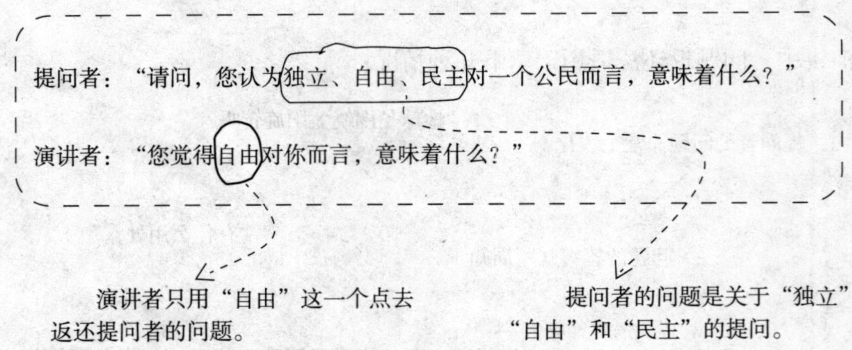

（3）替代返还模式

将提问者的问题进行变换，再返还给提问者。如：

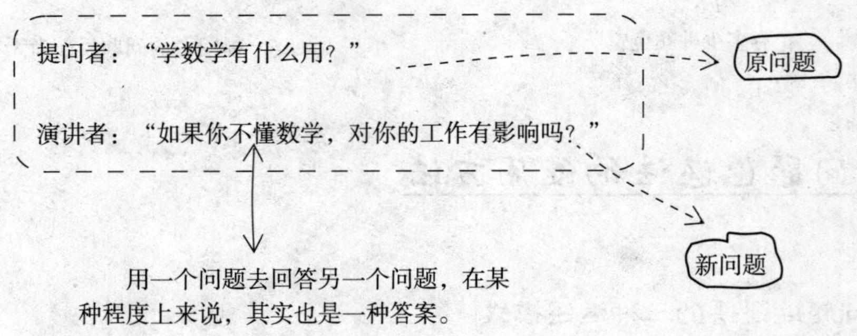

2. 问题返还之后的两种选择

（1）返还后让提问者回答

演讲者将问题返还给提问者后，让提问者回答返还的问题。如演讲者可以说："你对这个问题有什么想法？请你跟大家分享一下。"

（2）返还后让提问者思考

演讲者将问题返还给提问者后，并不要求提问者做出回答，只是让提问者自己思考这个问题。如："人生最重要的事情是什么？这是一个很有意义的问题，值得你自己去深入思考。"

（3）返还后让听众思考

演讲者将问题返还给提问者的同时，也向听众提出这个问题，并让听众去思考。如：

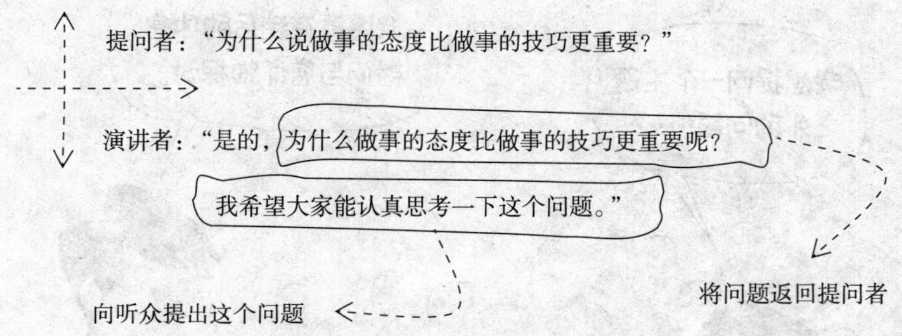

问题返还时需要注意的事项

1. 注意返还语气

返还问题时，不能用生硬、嘲笑、不耐烦的语气。如："你真笨，这么简单的问题你也问。"

2. 注意返还态度

返还问题时，不要有傲慢、狂妄、冷漠的态度。如："我不想回答你的问题，你自己想吧。"

3. 注意返还措辞

返还问题时措辞应大方得体，有礼有节。如："我认为这问题，还是需要您自己来回答。"或"这个问题由你自己来回答是最好不过的了。"

7.5 推迟解答法

——推迟解答，未尝不可。

推迟解答法的适用情况

在演讲中，推迟解答听众的问题适用于以下几种情况：

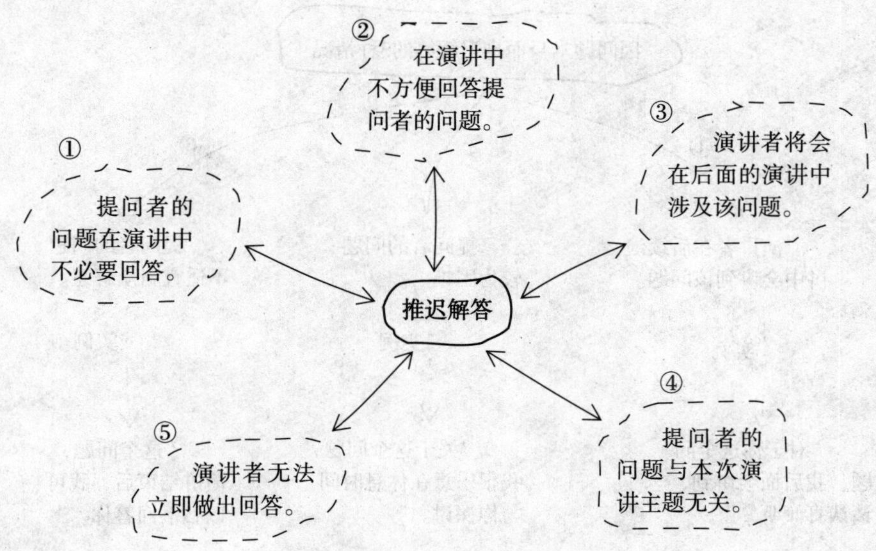

推迟解答法的使用方法

1. 推迟解答的三个理由

（1）时间限制

演讲者可以以时间有限为由，推迟对提问者的回答。如：

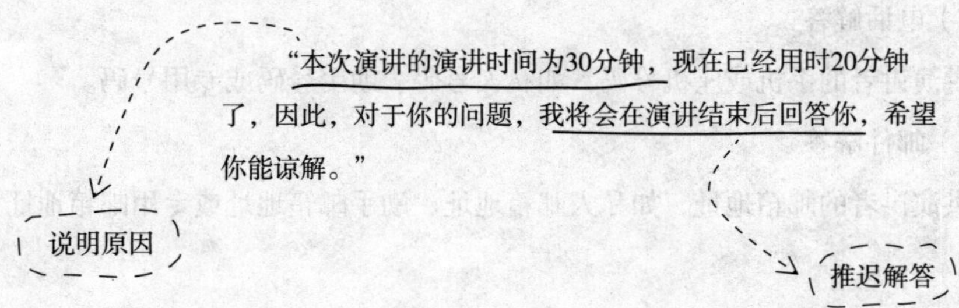

（2）程序规定

演讲者在演讲开始之前定下规定，说明听众互动的方式，不设置问答环节。如：“本次演讲没有设置问答环节，因此，我希望在演讲结束后再回答您的问题。”

（3）问题本身

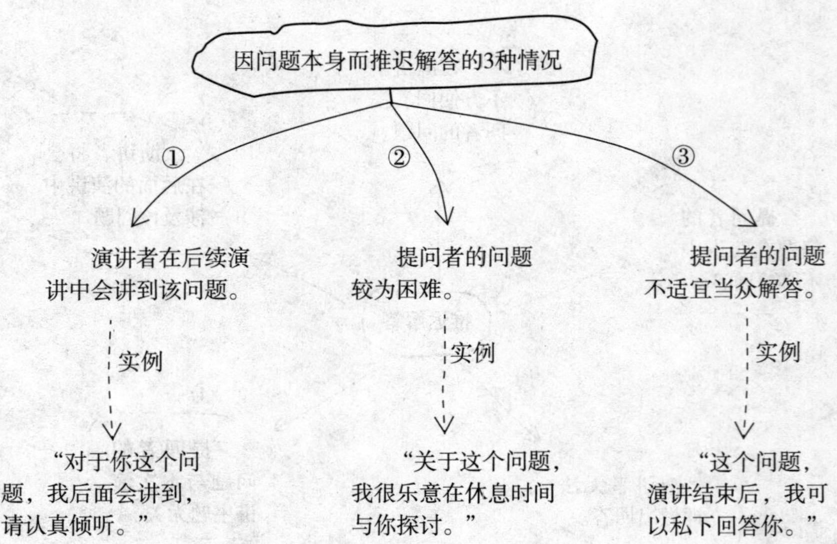

2. 推迟解答的解答方式

演讲者在推迟解答时，须向提问者提供具体的解答方式。常用的几种解答方式有以下几种：

（1）当面解答

A. 提供会面的时间。如：演讲结束前、演讲结束后、休息时间等。

B. 提供会面的地点。如：所在场地、后台、办公室等。

（2）电话解答

提供演讲者的手机或座机号码，如私人号码、助手号码或专用号码。

（3）邮件解答

提供演讲者的邮箱地址，如私人邮箱地址、助手邮箱地址或专用邮箱地址。

（4）其他形式的解答

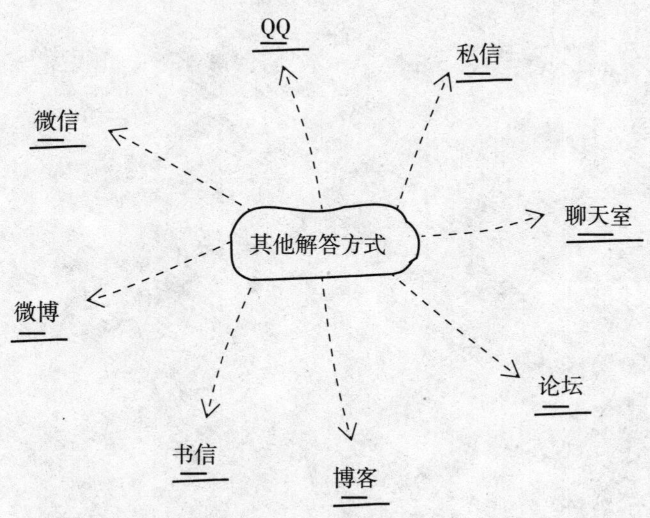

演讲者可以开设专门用于与听众互动的社交账号。

3. 推迟解答的注意事项

（1）不能只推迟不解答。

（2）不必和提问者争执。

（3）要对推迟解答进行必要的解释。

（4）推迟解答时要有礼貌。

（5）无须为推迟解答而专门道歉。

实用小窍门

演讲者可以在演讲前把自己的邮箱地址提供给听众，并告诉他们如果有些问题他们不知道在演讲现场说起是否合适，就可以通过所提供的邮箱来联系演讲者，这样可以减少听众提问的次数。

第 8 章

5 种演讲结束方式

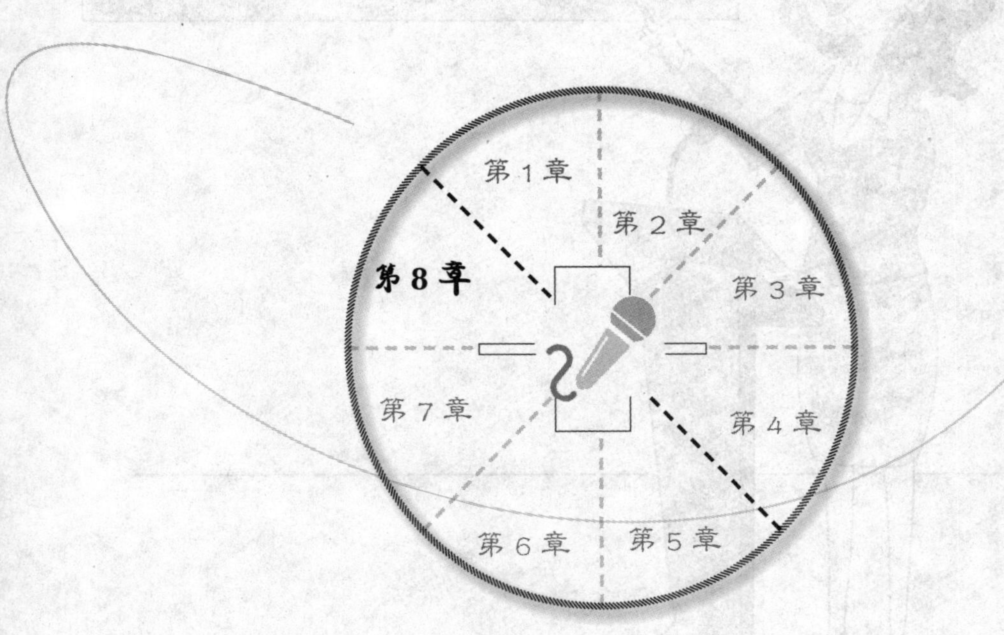

总结归纳式

发出号召式

引人思考式

表达决心式

抒发情感式

8.1　总结归纳式

——一句话总结，点题又有力。

在演讲过程中，许多演讲者往往会不自觉地将演讲内容延伸至较为宽泛的领域，以至于在演讲结束时，听众无法准确把握其主要论点。

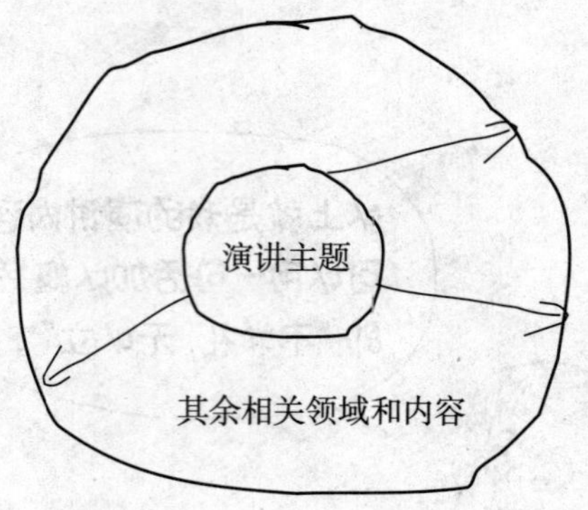

演讲者往往习惯于将演讲主题向外延伸，即放得开。

这就要求演讲者不仅要懂得在演讲过程中放得开，而且也要懂得在演讲结尾时收得回，即要学会运用总结归纳式结尾方式回到演讲主题。

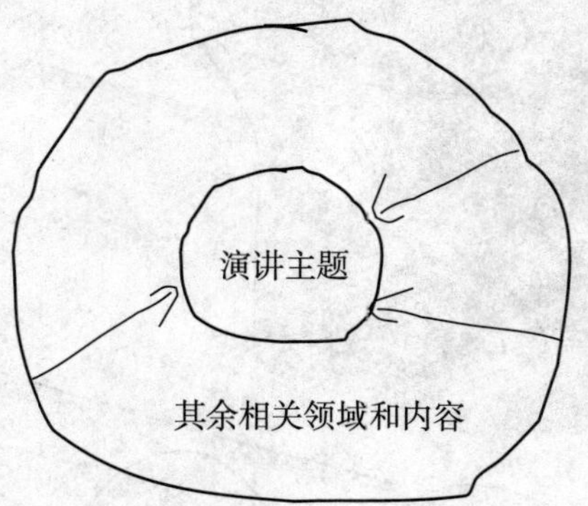

演讲者应通过总结归纳方式回归到演讲主题，即收得回。

什么是总结归纳式结尾

总结归纳式是说演讲者在演讲的末尾，简明、扼要地对自己已阐述的主题、思想、观点等进行概括总结，以帮助听众进一步加深印象。

采用总结归纳方式进行演讲结尾具有以下几点独特优势。

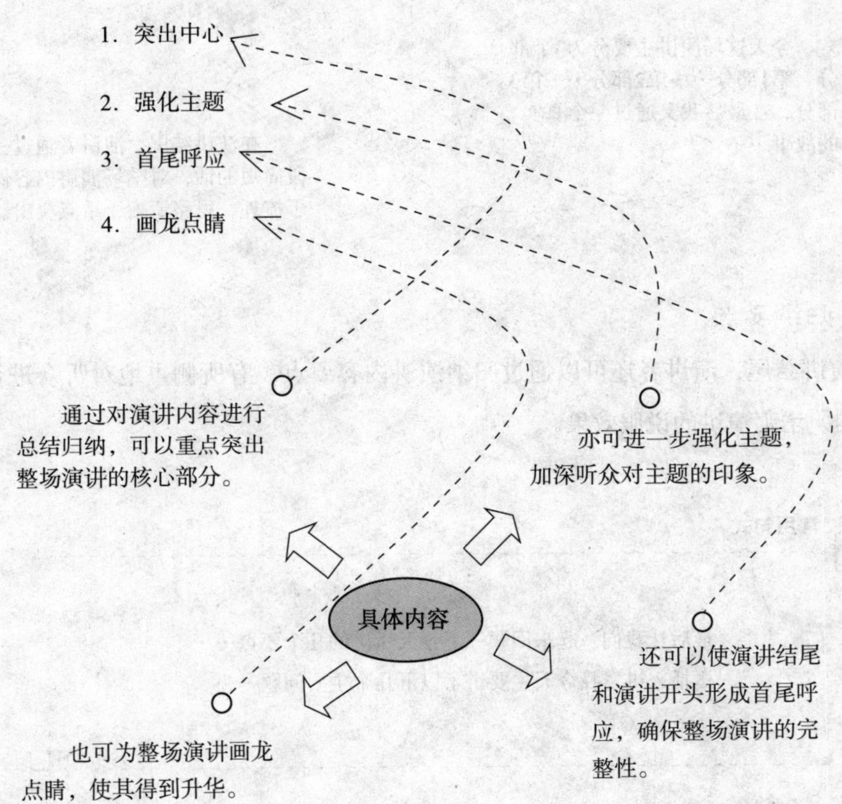

如何灵活使用总结归纳式结尾

演讲者可以采取以下几种方式来灵活使用总结归纳式结尾。

1. 梳理内容

在演讲结尾，演讲者可以通过对整体演讲内容进行梳理，以加深听众对整场演讲的印象。

在梳理内容时，演讲者应思路清晰、简短概括，按照演讲时的逻辑顺序进行有条理地梳理，切不可想到哪儿说到哪儿，误导听众的思路。

今天这场演讲主要分为3个部分，第1部分……第2部分……第3部分，在最后我又通过一个真实的故事……

在演讲结尾，演讲者通过一段简短的话，对整场演讲内容做了梳理，思路清晰，重点突出。

2. 归纳要点

在演讲结尾，演讲者还可以通过归纳演讲内容要点，有所侧重地对听众进行引导和指向，增强演讲的说服效果。

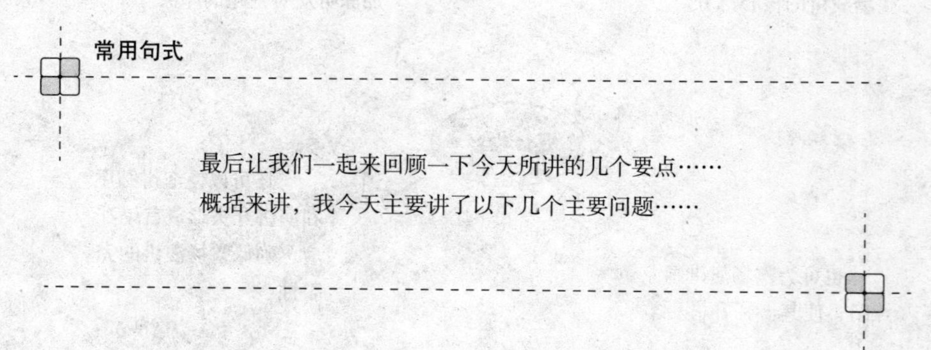

3. 概括结论

在演讲结尾，演讲者亦可以通过概括演讲结论，将整场演讲升华到一个新的高度。

人最宝贵的是生命，人的生命只有一次。因此，我们的一生应当这样度过：当回首往事时，不会因为虚度年华而悔恨；也不会因为生活的庸俗而羞愧……

通过概括结论让主题得到了升华。

8.2　发出号召式

——号召希望，扣人心弦。

发出号召式结尾是说演讲者在演讲结尾以慷慨激昂的情绪和扣人心弦的语言，调动听众情绪，呼唤听众的理智和情感，使听众产生一种呼之欲出、蓬勃向上的前进力量。

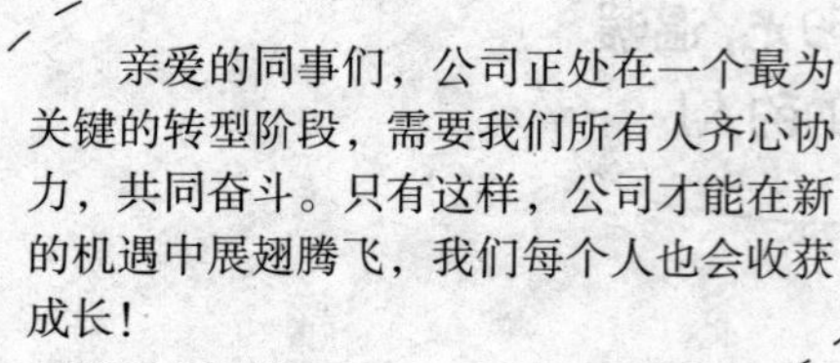

在演讲结尾，演讲者以慷慨激昂、扣人心弦的语言，号召听众行动起来，给听众一种蓬勃向上的力量。

发出号召式结尾的两种常用方式

1. 展示未来

在演讲结尾，演讲者可以向听众提出某种愿景，详细描绘出一幅美好的未来场景，让听众从心底对未来充满期待。

在不久的将来，一种全新的能够进行主动销售、产品展示、产品试用的网购模式将会被广泛使用，想象一下，你悠闲地坐在家里，便……

在演讲结尾，演讲者通过向听众展示未来可能出现的美好画面，激发起听众的兴趣和期待心理。

2. 提出期望

在演讲结尾，演讲者还可以通过提出期望的方式，调动听众的积极性，让听众明白自己有义务做些什么、应该做些什么。

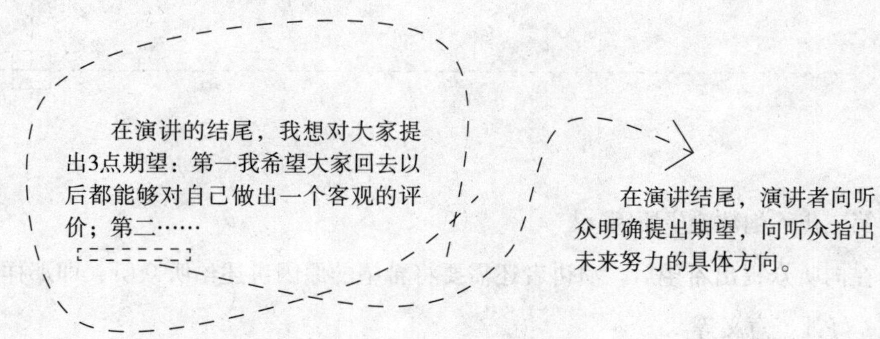

发出号召式结尾三部曲

发出号召式结尾具体可以按照三个步骤进行。

第一步：详细描述事实

详细描述所要表达的事实，并在最大程度上让听众认可这些事实。

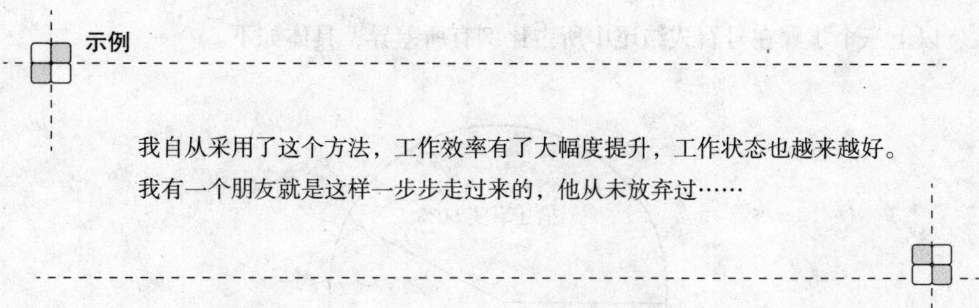

第二步：明确表达希望

在描述完事实后，演讲者还应该向听众明确表达自己的希望，即希望听众做什么。

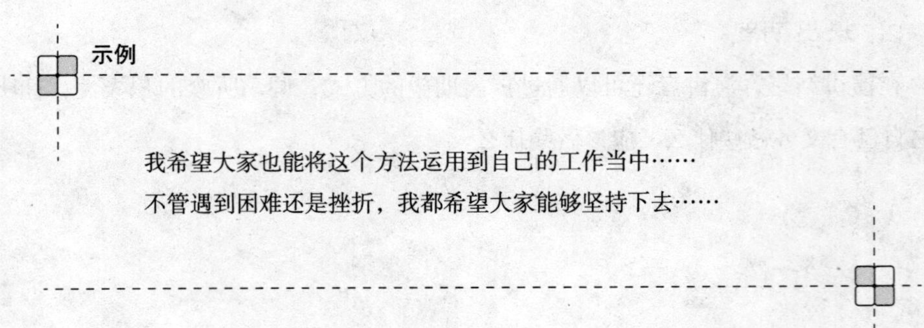

示例

我希望大家也能将这个方法运用到自己的工作当中……

不管遇到困难还是挫折，我都希望大家能够坚持下去……

第三步：细数希望原因

在向听众提出希望后，演讲者还需要将希望的原因讲述给听众听，即那样做的理由、好处、意义等。

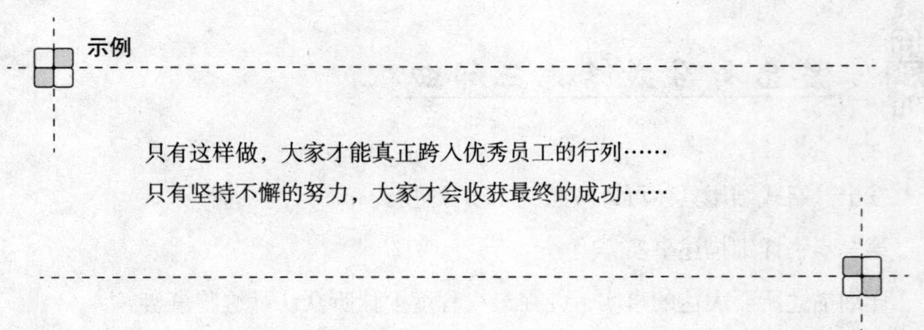

示例

只有这样做，大家才能真正跨入优秀员工的行列……

只有坚持不懈的努力，大家才会收获最终的成功……

以上三个步骤在号召式结尾中所占比例有所差异，具体如下。

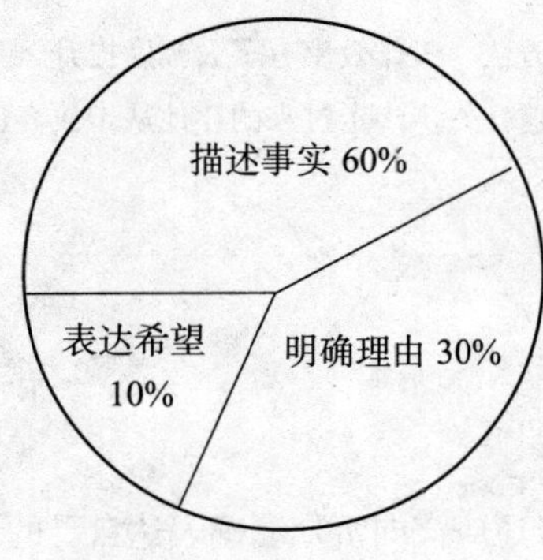

8.3 引人思考式

——引思考，留余味，泛余波。

引人思考式结尾是说演讲者通过对比或提出问题等方式启发听众思考，发人深省，给听众留下哲理性的思考和无尽的回味。

这种结尾方式语尽而意不尽，虽然只用简短几句话进行结尾，但其所产生的力量却会给听众以长久的冲击。

演讲结尾引人思考的常用方式

1. 提出问题

提出问题是很有效的引发听众思考的一种演讲结尾方式。这种方式在演讲中经常会用到。

雷锋同志在他短暂而平凡的一生中创造出了巨大的人生价值，为我们留下了丰富的精神财富。那么，亲爱的朋友们，在我们短暂而又平凡的一生中，我们应该做些什么？为子孙后代留下些什么呢？

这个演讲结尾采取提问的方法，发人深省，让听众不得不开始思考自己人生的意义。

2. 做出比较

通过做出比较的方式也可以有效引发听众思考。

他虽然身患重疾，但依然坚守在自己所擅长的科研领域，虽然行动不便，但依然创造出一种全新的科研方法。相反，一些身体健康的人却整日好吃懒做，还常常抱怨。这是为什么呢?

这个演讲结尾通过对两类不同的人做出比较，引发人们思考。

3. 列举案例

以一个最能说明主题的、形象生动的案例或故事作为演讲结尾，也能起到引人思考的作用。

请允许我讲最后一个故事：四十年前，有一个小男孩正在河边玩耍，突然……然后……最后……大家听了这个故事，会想到些什么呢?

以一个小故事作为演讲结尾，不仅可以引发听众思考，而且能为其留下深刻的印象。

8.4 表达决心式

——表决心，发誓言，坚信念。

什么是表达决心式结尾

表达决心式结尾是说演讲者以表决心、发誓言的方式进行演讲结尾。

采用表达决心方式进行演讲结尾具有以下几点独特优势：

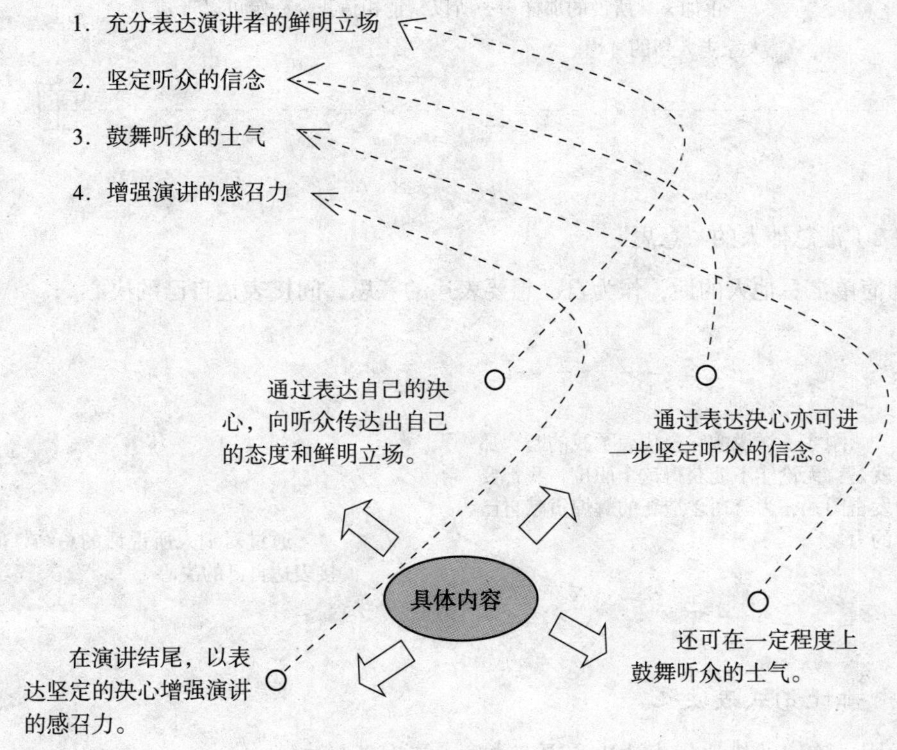

如何在演讲结尾表达决心

1. 巧借“东风”表决心

即参考他人的演讲结尾方式、借助他人的结尾或借助他人说的话来表达自己的决心。具体可以分为两种方式。

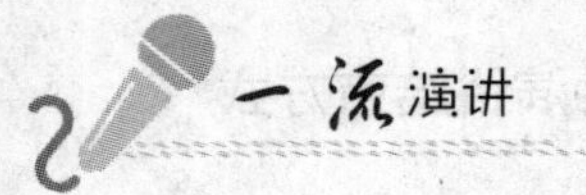

（1）“顺手牵羊”

即直接用他人演讲结尾中的原话表达自己的决心。

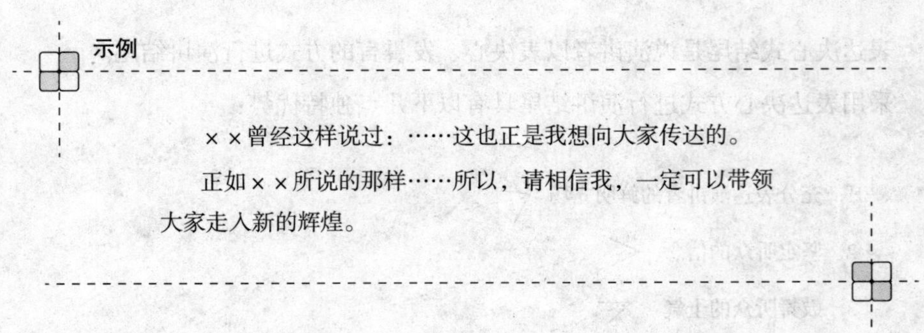

××曾经这样说过：……这也正是我想向大家传达的。

正如××所说的那样……所以，请相信我，一定可以带领大家走入新的辉煌。

（2）汇总他人的“意思”

即简单汇总他人的话，作为自己想要表达的意思，间接表达自己的决心。

刚才王洋说的完全代表了我的心，那就是：无论能不能获得这个职位，我都要发奋图强，为公司创造新的辉煌贡献自己的力量。

通过对别人所说话的总结，间接表达自己的决心。

2. 排比句式表决心

运用一连串的排比句表达决心更有力度、更有感染力。

我作为一名刚入伍的青年，一定会为我的理想、为我所向往的那抹橄榄绿、为创造国防事业更加灿烂的明天，不断进步，全面发展。

在演讲结尾，演讲者以三个排比句表达了自己的坚定决心。

8.5　抒发情感式

——抒情怀，发感慨，动人心。

抒发情感式演讲结尾是说演讲者以发表感慨，抒发情怀、情感的方式进行演讲结尾。

演讲本身是一种综合性情感活动，是演讲者和听众思想情感的燃烧和碰撞，因此，使用抒发情感式演讲结尾更能触动听众内心的情感。

如何在演讲结尾抒发情感

1. 发表感慨

通过发表感慨的方式抒发内心情感。

“亲爱的朋友们，一味徘徊、彷徨，一味哀叹、烦恼，并不是自己无法前进的借口，更不是一个人成熟的标志。我们不能让生命在纸牌中消磨，更不能让青春在酒精中溶化，不能让斗志在空想中瓦解，而应当努力做有意义的事，积极创造自己的人生价值。”

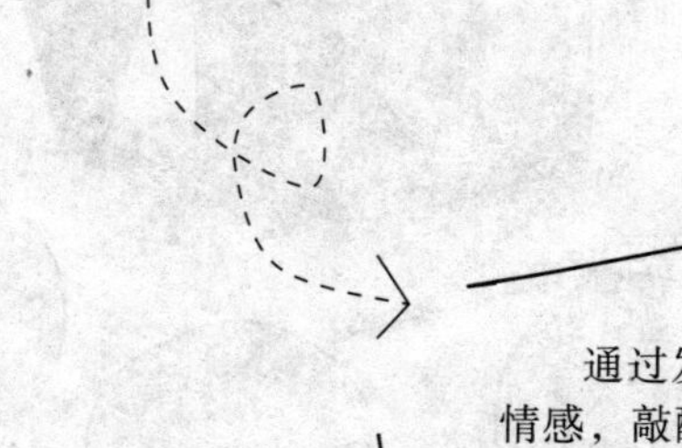

通过发表感慨的方式抒发自己的情感，敲醒听众的警钟，感染听众的情绪。

2. 抒发情怀

通过直接抒发胸臆、表达情感的方式进行演讲结尾更能在最短时间内感染听众。具体可以参照以下几种方式。

（1）借景抒情

巧妙借助演讲现场的事物、景物抒情表志。

“同志们，听着窗外响起的阵阵春雷，我的心中充满感动，是啊，我们的屋内不也是春雷滚滚吗？干部聘任制度改革的春雷正在我们头顶的天空上震响，在这场竞争中也许我只是一个过客，但我要张开双臂，为春雷春雨的到来而跳跃欢呼！”

在演讲到尾声时，突然外面电闪雷鸣，演讲者正好借用此一景，抒发了自己内心的情感。

（2）排比抒情

通过一系列排比句抒发强烈的情感。

“啊！奉献，这支朴实的歌，这支深远的歌，这支壮烈的歌，这支永远属于我们的祖国的歌，让我们每一个中华儿女都来高唱这首歌吧！”

运用一连串排比句，演讲者的情感由淡到浓，一层一层喷发出来，具有强大的力量。

附录

肯尼迪就职演说

我们今天不是庆祝一次政党的胜利，而是为自由举行庆典——它象征一个结束，也象征一个开端——表示更新，亦表明转变。因为我已按照我们祖先在170年前拟定的誓言在你们和上帝面前庄严宣誓。

开头点题，干净利落。

当今世界与以往大不相同。因为人在自己手中掌握的力量足以消除一切形式的人类贫困，又足以毁灭一切形式的人类生命。但是我们祖先曾为之战斗的革命信念，在世界各地仍然存在争论。这个信念就是：人权并非来自国家的慷慨施予，而是来自上帝的恩赐。

今天，我们不敢忘记我们是那第一次革命的继承者。此时此地我愿向我们的朋友和敌人宣告：火炬已传到新一代美国人手中——他们在20世纪出生，经历过战火锤炼，经受了严酷的和平时期的磨炼，为自己的古老传统自豪——他们不愿看到也不容人权逐渐被毁灭。美国对这种人权一贯负有责任，如今我们将承担起本国和全世界的人权维护任务。

应让每一个国家明白，不论它希望我们繁荣或衰落，为确保自由的存在和自由的胜利，我们将付出任何代价，承受任何负担，反抗任何敌人。

明确主旨，表明决心。

这就是我们的保证——而且还不止这些。

设置悬念，吸引注意。

概括了美国的基本施政纲领。

对于那些和我们有共同文化和精神渊源的老盟友①，我们保证献出挚友的忠诚。如果能团结一致，我们就能在许多合作事业中无所不能。倘若分裂，我们则很难有所作为，因为意见分歧，各行其是，我们便不敢应付强有力的挑战。

对于新独立的国家②，我们恪守誓言，绝不让一种更为残酷的暴政来取代一种消失的殖民统治。我们并不总是指望他们支持我们的观点，但我们将始终希望他们坚决维护自己的自由——而且应该记住，过去那些愚蠢地狐假虎威者，必将葬身虎口。

对于那些住在遍布半个地球的棚屋和村落里正为摆脱普遍贫困而奋斗的人们③，我们保证竭尽全力帮助他们自立，不论这需要多长时间——并不是因为共产党人或许正这么做，也不是因为我们需要他们的选票，而是因为这样做是正确的。自由社会如果不能帮助众多的穷人，也就不能保全少数富人。

对于我国边界以南的各姐妹共和国④，我们提出一项特殊的保证——把我们的善意从言论变成行动，在争取进步的新同盟中，帮助自由人们和自由国家的政府挣脱贫困的枷锁。但绝不能让这种充满希望的和平革命成为敌对强国的猎物。应让我们所有的邻国知道，我们将与他们一起反对在美洲任何地区发生侵略或颠覆。也应让所有其他国家知道，西半球决意做自己地域的主人。

对于联合国这一主权国家的世界性议会⑤，这个在战争工具的发展远远快于和平工具的发展的时代我们最后最美好的希望寄托之所，我们重申对它给予支持的保证：阻止它变成仅供谩骂的场所，加强它对新的和弱小国家的保护作用，并扩大它的行使法令的管束范围。

针对①～⑥的解析：

表现形式：在表现形式上以排比句进行展现。

表达内容：清楚明了地表明了美国对友好国家、联合国以及敌对国家的呼吁和承诺。

艺术特色：演说层层递进，增强了气势，表达了演讲者强烈的感情。

采用隐喻的修辞手法，借此把陌生遭遇和熟悉事物联系起来，易于听众理解。

向盟国做出承诺。

向联合国做出承诺。

最后，对于那些欲与我们作对的国家⑥，我们提出的不是保证而是要求：在科学释放出可怕的破坏力量，把全人类卷入预谋的或意外的自我毁灭的深渊之前，让我们双方重新开始寻求和平。

我们万万不可以软弱去诱惑他们。因为只有当我们拥有无可置疑的足够强大的武力时，我们才能有无可置疑的把握永远不使用这些武力。

然而，这两个强大的国家集团都不能对现状高枕无忧——双方皆对现代化武器的开支感到不胜负担，都对致命的原子力量的逐渐扩散理所当然地感到惊恐，但双方都力图改变那种遏制任何一方发动人类最后决战的不稳定的恐怖局势。

因此让我们重新开始——双方都要牢记，礼貌并不表示软弱，而诚意则永远有待于验证。我们绝不要因畏惧而谈判，但我们也绝不畏惧谈判。

采用正反对照，形成鲜明对比。

让双方去探究哪些问题能促使我们联合，而不要在引起双方对立的问题上徒费精力。

让双方首次制订有关检查和控制武器的严肃认真而又精确的计划——而且把足以毁灭其他国家的绝对力量置于所有国家的绝对控制下。

让双方去探求科学的奥秘而不是科学的可怕力量。让我们共同探测星球，征服沙漠，消除疾病，开发海底资源，促进艺术和贸易的发展。

让双方在世界各地共同听取以赛亚的指示——去“卸

采用祈使排比句，提出委婉的建议和希冀，不仅展现出友好态度，又极具煽动性，使听众感受到肯尼迪对于开展合作的迫切愿望。

下沉重的负担……让被压迫者获得自由。”

引用经典，有理有据。

如果初步进行一点合作便可能减少猜测，就让双方携手作一次新的努力，不是寻求新的力量均衡，而是建立一个新的法治世界，使强者公正，弱者安全，和平得到维护。

向敌国发出威胁和号召。

所有这一切不会在今后一百天内完成，也不会在今后一千天内完成，甚至也许不会在我们这一代人的一生中完成。但是，让我们开始吧。

运用停顿，适度转折，表达决心。

我的同胞们，我们方针的最终成败，不仅掌握在我的手中，更掌握在你们手中。自从这个国家建立以来，每一代美国人都曾听从召唤证明他们对国家的忠诚。响应号召服役的美国青年的坟墓遍布全球。

采用对偶句式，增强了节奏感。

如今号角又在召唤我们，不是号召我们拿起武器，虽然我们需要武器；不是号召我们作战，虽然我们严阵以待；而是号召我们肩负一场长期的、胜负难决的奋斗重任，年复一年地“在希望中得到欢乐，在患难中坚忍不拔”，展开一场反对人类共同敌人——暴政、贫困、疾病以及战争本身的斗争。

适时发出提问，激发听众热情。

我们能建立一个把东西南北连在一起的伟大的世界联盟来反对这些敌人，以确保人类享有更为丰裕的生活吗？你们愿意投入这具有历史意义的事业吗？

在世界漫长的历史上，只有少数几代人在自由面临最大威胁的时刻被赋予捍卫自由的任务。我不会推卸这一责任——我欢迎它。我认为我们中间不会有人乐意与别的民族或其他时代的人交换位置。我们献给这一事业的精力、信念和忠诚将照耀我们国家和一切为它效力的人们，这火焰所发出的光芒将真正照亮全世界。

因此，我的美国同胞们，不要问你的国家能为你做些什么，而要问问你们能为国家做些什么。

世界各国的公民朋友们，不要问美国将为你们做些什么，而要问问我们共同能为人类的自由做些什么。

采用对偶句式，增强了节奏感。

最后，不论你是美国公民还是世界各国的公民，请以我们向你们提出的有关奉献力量和牺牲的同一高标准来要求我们。问心无愧是我们唯一可靠的奖赏，历史是我们行动的最终裁判，让我们迈步向前去领导我们热爱的国土。我们祈求上帝的福佑和帮助，但是我们知道在此世间，上帝的工作就一定是我们自己的工作。

结尾发出号召，再次表明决心。

向美国同胞和世界人民发出呼吁。